WORDSEARCH

WORDSEARCH

Over 300 Amazing Puzzles

This edition published in 2022 by Arcturus Publishing Limited
26/27 Bickels Yard, 151–153 Bermondsey Street,
London SE1 3HA

AD010634NT

Printed in the UK

MIX
Paper from
responsible sources
FSC® C171272

1   MUSICALS

◊ ANNIE

◊ AVENUE Q

◊ BRIGHT EYES

◊ CATS

◊ CRAZY FOR YOU

◊ EVITA

◊ FAME

◊ FUNNY FACE

◊ GIGI

◊ HAIR

◊ KISS ME KATE

◊ LES MISERABLES

◊ NEW MOON

◊ RAGTIME

◊ SCROOGE

◊ SHOUT

◊ TOMMY

◊ TOP HAT

```
J G U O S I T D E R X E R
X K T O M M Y U E R J S E
M L I R Y Z X W O E A E I
L R I S I R U N P H G Y G
Y A A F S T O Q Y O S E I
H S I T B M A F O W Q T G
T N F O O T E R Y E V H J
X E A O I P C K U Z E G K
C Y M V A S H N A H A I N
P A E I A H E A D T A R O
I A T Z T V S E T S E B C
A F N S A G N O O M W E N
F U N N Y F A C E R N A A
L E S M I S E R A B L E S
S H O R T E I H N S M A X
```

2   VARIETIES OF GRAPE

◊ BRETON

◊ BUAL

◊ CAGNULARI

◊ FREISA

◊ GRENACHE

◊ JAEN

◊ MATARO

◊ MERLOT

◊ MUSCAT

◊ PICOLIT

◊ PIGNOLO

◊ RAMISCO

◊ ROUCHET

◊ SIEGERREBE

◊ SYRAH

◊ TARRANGO

◊ TERAN

◊ VERDEJO

```
T Z Y N W N E N U M D I E
I R T E P O Y T A S H U G
L T C A F T V T I R D J F
O L D J A E A B G R E R V
C B D C R R O U C H E T C
I X S D O B L O K I J A L
P U E I J I L A S L G R G
M J R V E Y U A U N A R R
O O L O N G I P U B R A E
B T H E K M E L L R N N N
I O C S I M A R R G T G A
E L N E Y R Q E R P T O C
S R O T I R T K K E O R H
U E R H K Z A R T L B A E
N M L P D O G H C Q D E F
```

OPERAS

```
S F D I E S R E S X U L G
A I I K C E Z Z O W S E O
V F A U S T R M E D E E T
C T W S U U N R E B E N A
E V D D S H T M I N I O N
E G T A E H O L A N I R N
T X L M E L L C A O Y M H
A K H R A Y S T X D H A A
A N E S B O I P N N G O U
V I I U T R H P G C S K S
L G D C U J A R T K E L E
O D O P L Z I L B Z N T R
L N I X U A D M T H A I S
L P M I L T A Z B I O X D
S A E N E A D N A O D I D
```

◊ AIDA
◊ ALCINA
◊ BILLY BUDD
◊ DIDO AND AENEAS
◊ ELEKTRA
◊ FAUST
◊ I PURITANI
◊ LULU
◊ MEDEE

◊ NORMA
◊ RUSALKA
◊ SALOME
◊ SERSE
◊ TANNHAUSER
◊ THAIS
◊ TOSCA
◊ WERTHER
◊ WOZZECK

THE CHRONICLES OF NARNIA

```
D M O N N Q C X D V B K W
N D V P V O S U Y O A R O
Z T C B T P L G T L X H Y
O Q I U D E E D U I I I R
D P S R U Y W Y T I E N E
S W S C I M I A R N D C D
B H A S H A S T A U M E A
A I L R L D N J I S U A E
T J C P F V Z D N U N M R
T S E W N D C U C J D F T
L P G G R Y P H O N S S N
E N U A P Y U H A J N H W
S C V R P P Z F J R U I A
D N A L N E H C R A N F D
A K O E L A R E N E G T U
```

◊ ANVARD
◊ ARCHENLAND
◊ BATTLES
◊ C S LEWIS
◊ CHARN
◊ CLASSIC
◊ DAWN TREADER
◊ DWARF
◊ EDMUND

◊ GENERAL
◊ GRYPHONS
◊ GUIDE
◊ RHINCE
◊ SHASTA
◊ SHIFT
◊ TIRIAN
◊ TRAIN
◊ VOLTINUS

STOP

◊ ANNUL

◊ CEASE

◊ CLOSE

◊ CUT OUT

◊ EXTERMINATE

◊ GIVE UP

◊ HALT

◊ KILL

◊ NIP IN THE BUD

◊ OUTLAW

◊ QUASH

◊ QUIT

◊ RESCIND

◊ SCRAP

◊ SET ASIDE

◊ STALL

◊ VETO

◊ VOID

```
F L L A T S L O E J E F E
F N U E S O L C L J D Q P
N D N J O U T L A W I S N
M L N H F T P A R C S H W
F I A O Q Z L O N O A F K
T U O T U C G A H W T R Y
H D S M A X C I H N E E F
D N I C S E R E V G S L V
Q A D M H P R P A E C Q H
U D C O T Q U X Z S U O L
C I K Q D U V W L V E P S
X P N I P I N T H E B U D
M N Q G L T O Z A A A J U
C H Y M F L U V F O I Y G
E T A N I M R E T X E P U
```

HUMAN CHARACTERS

◊ BABBLER

◊ BEAUTY

◊ BUFFOON

◊ COWARD

◊ DARLING

◊ DAYDREAMER

◊ DEVOTEE

◊ GOOD SAMARITAN

◊ HARRIDAN

◊ HIPPIE

◊ HOTHEAD

◊ JOKER

◊ KNAVE

◊ LUNATIC

◊ MISER

◊ ODDBALL

◊ OPPORTUNIST

◊ OPTIMIST

```
M N O O F F U B G V I R E
N G V J E K D A E H T O H
A D W V I L T L L S T A A
T R T J P O C U I M W X R
I A S R P A V N Y A G N R
R W I A I W U A T U U E I
A O M A H T H T U N M E D
M C I F R X T I A A B E A
A X T O N H S C E A C T N
S V P Q W B L R B G L O T
D P O Y O D D B A L L V R
O E L S Q Y L K I B U E E
O B Z I A E V A N K S D K
G Q M D R N S E T I N G O
G N I L R A D X M Q O E J
```

TITLES

```
M Y N S E R G E A N T E E
R O E Y V D C L H I C M Z
C E E N L A D Y S H I P P
Z J U O O E C Z F R H R B
Y H Q T M R E K X R A E S
N V K S O N A K T O J S O
A R I I P O R B E T A S L
N D A A E X L C K Z R K A
Q K D B T H N N N T A Q R
A R C H B I S H O P H B I
E T S A R I B C C Z A I M
N Q N P M R E T S I M O D
W Z T I S L N D O U O U A
Z G S H U I I E U R K B S
S S E T N U O C U E H U Q
```

◊ ADMIRAL   ◊ MISS

◊ ARCHBISHOP   ◊ MISTER

◊ BARON   ◊ PADRE

◊ COUNTESS   ◊ PRINCE

◊ DUKE   ◊ QUEEN

◊ EARL   ◊ RABBI

◊ EMPRESS   ◊ SERGEANT

◊ LADYSHIP   ◊ SHEIKH

◊ MAHARAJAH   ◊ TSAR

THE NORDIC REGION

```
J M L O H K C O T S D B F
U K I D K I V R A N B R A
Q P F E B O T U U E Q H U
I D P N H A S S N O N H C
T R T S J D E L D S A H C
R A O E A L N Y O M N Y Q
A M V T A L O O V O T H S
V M D P A N A Z R R K F T
A E L C R I C C I T C R A
H N L A E S C I T L A B V
L I K N I S L E H D V P A
D N A L P A L K L H N C N
N J A H P E V C L A Z X G
X Y X M O U N T A I N S E
R R U K S I F D R A H D R
```

◊ ALESUND   ◊ MOUNTAINS

◊ ARCTIC CIRCLE   ◊ NARVIK

◊ BALTIC SEA   ◊ ODENSE

◊ DRAMMEN   ◊ OSLO

◊ HARDFISKUR   ◊ STAVANGER

◊ HAVARTI   ◊ STOCKHOLM

◊ HELSINKI   ◊ TROMSO

◊ ICELAND   ◊ TRONDHEIM

◊ LAPLAND   ◊ UPPSALA

ABILITY

◊ ADROITNESS ◊ KNOW-HOW

◊ APTITUDE ◊ MASTERY

◊ EFFICIENCY ◊ MEANS

◊ ENERGY ◊ MIGHT

◊ FACULTY ◊ POWER

◊ FLAIR ◊ SCOPE

◊ FORTE ◊ STRENGTH

◊ GENIUS ◊ TALENT

◊ KNACK ◊ TOUCH

```
X Y M D C B I P F E G A M
E J T E U G C K F W S C V
R F V P A Z E F T S M S T
I I E T Y N I N E M T E K
A T E V W C S N I R M N G
L E D D I I T G E U O E B
F P P E U I H N L W S R S
H O N H O T G T H B W G F
C C R R N T I O A X D Y A
Y S D T H L W T A L A A C
Y A R U E A O U P N E K U
Y R E T S A M N I A Y N L
I U W Q L G V R M Y C A T
B Z O N L K K H A W C C Y
H C P C H C U O T C Y K X
```

CATS' NAMES

◊ BABY ◊ LOKI

◊ CALLIE ◊ LOLA

◊ COCO ◊ LUCKY

◊ DUSTY ◊ MIMI

◊ GEORGE ◊ MISS KITTY

◊ KIKI ◊ NALA

◊ LEO ◊ PRECIOUS

◊ LILLY ◊ RASCAL

◊ LILY ◊ TOBY

```
Y X I N E N R E N X B Y Y
G E K D Y N B Q I G Y K T
T J I M I M N R A S C A L
Y G K U X U G B Z U C P I
N T X O Y I Y O L L A B L
E P T C N R O H S O L L L
S U O I C E R P O F L N Y
F N F I K P R M C O I A W
O U K D Y S D T O J E F L
Y O S T C Y S D C S J D Y
L T D U G L I I T W C N S
Y B S Y E I Q E M D F D B
S B I U Z L M Q J N A L A
S Y O K D S E G R O E G B
D Z M T D S Z E W O C E Y
```

11   SUMMER

```
Y E G I S H O R T S E T R
A V T D E R A C Z Y V T E
L U N S C P R R A R C N T
P S E E A K E D O J U S H
T H T G E H I H U J Z U F
P F Z U T L T L T G Z N J
R L F A O D Y L M M X G H
T O E H A Y F E V E R L V
A W S C M V B D E O C A M
E E S E D O D N N A E S W
H R U V S R S A R A K S J
H S U P A P I R L L S E J
S O M B R E R O T A L S N
S P S A W Z T V H E S E Q
H Y O H O T I U Q S O M P
```

◊ FLOWERS   ◊ SALAD

◊ HAY FEVER   ◊ SAND

◊ HEAT   ◊ SHORTS

◊ HOLIDAY   ◊ SOMBRERO

◊ JULY   ◊ SUNGLASSES

◊ JUNE   ◊ TENT

◊ MOSQUITO   ◊ WARMTH

◊ PLAY   ◊ WASPS

◊ ROSES   ◊ WEATHER

12   TIRED

```
D N A B V M A A Q Y K T U
E N M J G M T I N N Y S S
P I G Y D N C U Q I E H K
P E H E E X V X W B A O S
A N R P O O P E D T Y K T
S O S O W D D O T F R D U
B D V R E O E E J P A E O
A O A D N D R Y M B E U D
Y W A O I E I N E A W G E
S J R T D H T W O C U I Y
W K T Y P S G R A U Z T A
O Q M D P U O J O S T A L
R D T A E B D A E D T F P
D V Z E U T L Z O N K E D
U N E R V V G U Q G X I D
```

◊ BORED   ◊ POOPED

◊ BUSHED   ◊ READY TO DROP

◊ DEAD BEAT   ◊ SAPPED

◊ DOG-TIRED   ◊ SHATTERED

◊ DONE IN   ◊ SPENT

◊ DROWSY   ◊ WASTED

◊ FATIGUED   ◊ WEARY

◊ JADED   ◊ WORN OUT

◊ PLAYED OUT   ◊ ZONKED

13   CARTOON CHARACTERS

- ◊ ARTHUR
- ◊ BAMBI
- ◊ BEAVIS
- ◊ BLOSSOM
- ◊ BUBBLES
- ◊ DROOPY
- ◊ GEORGE JETSON
- ◊ JERRY
- ◊ MIGHTY MOUSE
- ◊ PLUTO
- ◊ SCOOBY DOO
- ◊ SNOWY
- ◊ SPIKE
- ◊ SUPERMAN
- ◊ THE GRINCH
- ◊ THUMPER
- ◊ TIGGER
- ◊ TOM

```
J D M R E P M U H T D S S
E E S U O M Y T H G I M I
T R R M P E R M E L X U V
I T M R T A R T H U R E A
G H M E Y H T Y H O U S E
G E O R G E J E T S O N B
E G A W Y L Y A C T H U S
R R W Z R P W O A B B U P
D I Z R D P O C L B P E I
U N O G D B N O L E U J K
P C H K Y P S E R M O I E
L H N D A S S M D D B B G
U A O B O Y A W D M T K M
T O G M F N U G A H L O O
O L Y E M C W B U F R W M
```

14   CATS IN THE WILD

- ◊ BAY CAT
- ◊ CHEETAH
- ◊ COUGAR
- ◊ GOLDEN CAT
- ◊ JAGUAR
- ◊ JUNGLE CAT
- ◊ KODKOD
- ◊ LEOPARD
- ◊ LION
- ◊ LYNX
- ◊ MARGAY
- ◊ OCELOT
- ◊ PALLAS CAT
- ◊ PAMPAS CAT
- ◊ PANTHER
- ◊ PUMA
- ◊ SERVAL
- ◊ TIGER

```
C P P C P K O D K O D S W
H T A C S A L L A P Q S C
E O C N N A M Q L F C Y O
E D D S T R O P R I E T U
T H H R A H C W A L O E G
A I K U A S E B A S Y N A
H R G G I P L R A S C N R
I A Z E O R O T V Y Y A X
J Z J I R Y T E H L C U T
S R T A C N E D L O G A A
A N J U N G L E C A T D T
P O D D F U S H X R P L N
V U O I V N P Y T L N A O
L G M A R G A Y A Y O K E
O I L A R I I L A V R E S
```

MONSTERS

```
A R D Y H N T M A U X O Y
N Z F F Z H I K R A K E N
R L X R E N F D S S T J N
J S L B O N L L S I I I R
B E L T O E D E E T U R E
B O A S Q U M A N L M N Y
B U L P W E Y H H J C T O
R N A E D R P S C L O O R
R U J U H M O G O A G O T
E E S N A S R D L L O F S
N A D H R R M U E L P G E
F T C E H H C A E G O I D
A L N Q K A D A U G G B D
F W E I R O K I M G O A L
L R F D L F V Q Z I M F L
```

◊ AGGEDOR   ◊ LOCH NESS

◊ BIGFOOT   ◊ MACRA

◊ CHAMP   ◊ MEDUSA

◊ DESTROYER   ◊ MINOTAUR

◊ DRACULA   ◊ OGOPOGO

◊ FAFNER   ◊ SHELOB

◊ FENDAHL   ◊ SMAUG

◊ HYDRA   ◊ THE BLOB

◊ KRAKEN   ◊ YETI

SCOTLAND

```
U R H Z P P N H I W Y D L
C A G G D A N S U U I E C
N A R R A D L Q C A W I T
Z J U X A A D I L I H L N
K O B H Y N L P S K I C B
I U N V D L L A W K R I K
G N I L R I T S U W W J J
C M D B O E P N Y C V N W
F K E H Y Q Z A I L T O O
X I P L B N S D V A A M N
F U F S R M A U P N R L R
U H K E I O S N S S T A P
H U E R D U S D N Q A S U
Z V G D G G J E L A N M V
V H T R E P X E V F H K D
```

◊ ANNAN   ◊ KIRKWALL

◊ ARRAN   ◊ LEWIS

◊ CLANS   ◊ MELROSE

◊ DUNDEE   ◊ PERTH

◊ EDINBURGH   ◊ PLAID

◊ FIFE   ◊ ROYBRIDGE

◊ GRIMSAY   ◊ SALMON

◊ ISLAY   ◊ STIRLING

◊ KILT   ◊ TARTAN

17   CATTLE BREEDS

- ANKOLE
- HIGHLAND
- BELGIAN BLUE
- KERRY
- BROWN SWISS
- KURGAN
- CHILLINGHAM
- LATVIAN
- DEVON
- LUING
- DEXTER
- RED POLL
- DURHAM
- SHETLAND
- GALLOWAY
- SIMMENTAL
- HERENS
- WHITE

```
F E H N D S I R E L S Y K
S L H I K U O A A F S C R
N H U C G M R N F E I H G
S N E R E H K H J A W I N
B A S T J O L T A C S L I
E G A L L O W A Y M N L U
L D T E L A M B N V W I L
G Y E E C O N L P D O N A
I R W X K L P D D Y R G T
A R Q L T U P D D Q B H V
N E W P W E R X E E N A I
B K H A R E R G W R O M A
L S I M M E N T A L V Z N
U K T G O D W S R N E T Q
E D E C Z R R Y J T D R Y
```

18   EXPLORERS

- COOK
- PERERA
- CORTES
- PINTO
- DIAS
- PIZARRO
- FAWCETT
- STADEN
- GRANT
- STEFANSSON
- JANSZ
- TASMAN
- KENNICOTT
- TOKUBEI
- LEIF THE LUCKY
- TORRES
- WILLOUGHBY
- OGDEN

```
K L I Q D T A P E R E R A
E E Q P Q G G I P N N A S
N I J N Y R V I U E P E R
N F D A A T Z K D S T F N
I T O N N A D A J R A O S
C H T H R S T A O Y S I E
O E T R Y S Z C B S M E R
T L O O V O Z H N Q A A R
T U Q T K G G A E V N X O
K C L O T U F D J L P N T
R K I O O E B U E I I D M
E Y T L T D C E D N N D L
R D L S I Q T W I N T O L
R I V A S R G Q A K O O C
W R S G E O U A U F I I N
```

19 VARIETIES OF TOMATO

```
O W P W A L O R R E H C P
N E E K B A T I U Q I H C
A Q M I Z U I G J B W S H
Z Y Q T M A N Y V H S O Q
Z F N B N Q C K N L A Y T
I E L N T A A B E K L P O
L E D P E N S C Y T L R Y
R R S N E J A U W K E E O
U B E C A U Y G N P U D B
X N T D R R Z V A G A I G
L A T O R I G Z O L O T I
R A R B J O S X Q N I L B
M A T I N A B T N Y N N D
I S B A L L T I A D V A A
Z M N H H O M Y N L O S P
```

◊ APERO   ◊ JENNY

◊ AURORA   ◊ LATAH

◊ BIG BOY   ◊ LIZZANO

◊ CHERROLA   ◊ MATINA

◊ CHIQUITA   ◊ NECTAR

◊ CRISTAL   ◊ PANNOVY

◊ GALINA   ◊ RED ROBIN

◊ GRANDE   ◊ SUNGOLD

◊ INCAS   ◊ TUMBLER

20 BASEBALL TERMS

```
R S D D J B B E D V M X I
L P N U R E M O H I C N B
K L A W Y Q U U I A N A A
C A G A T B T S T I S H C
E T Z H L H T C N E B U I
O E R E Q R H G S M R P C
M O V H I E N Z L V E T H
W W O K R Q R T E O I K V
C U E S D E D B L E V L I
H I T S H W A A F U L E D
N R B C M L T T X G V S H
R S T A L G N T S R T D Z
S I N G L E U E E E Y P N
P N M S S K I R A L U O F
T T R X O B Y L P A O Y T
```

◊ BALK   ◊ HOME RUN

◊ BASES   ◊ INNING

◊ BATTER   ◊ PITCHER

◊ CATCHER   ◊ PLATE

◊ CURVE BALL   ◊ SINGLE

◊ DOUBLE   ◊ STEAL

◊ FOUL   ◊ STRIKE

◊ GLOVE   ◊ THROW

◊ HITS   ◊ WALK

21 WILD FLOWERS

- ARUM
- BISTORT
- BRYONY
- CRANESBILL
- CROCUS
- FLEABANE
- HEMP
- HOP
- LADY'S SLIPPER
- LILY
- MONKSHOOD
- RAMPION
- ROSE
- RUSH
- SHEPHERD'S PURSE
- TARE
- THRIFT
- YARROW

```
Y H P S U C A Q L I Y B V
O T S J G R W H E K N F S
B H T U R A A S S P O S M
L R E B R N L R R G Y K O
A I A Y I E H E U U R X N
D F A M T S O R P M B P K
Y T B A P B T I S E W E S
S A C D T I A O D R Y N H
S O R H R L O X R A I A O
L E O R I L X N E T E B O
I U C I O G G Q H I M A D
P R U Y E W T E P P F E Y
P A S S I X P H E M P L J
E X O N J Y O B H T I F N
R R X M E P I U S L C V X
```

22 FUNDRAISING

- ABSEILING
- BAZAAR
- BIKE RIDE
- BINGO
- BOOK SALE
- CAR WASH
- DISCO
- HEAD SHAVING
- HIKING
- KARAOKE
- LOTTERY
- LUCKY DIP
- MARATHON
- PICNIC
- RAFFLE
- RUNNING
- SILENCE
- SINGING

```
B N V S D F O S C T G G N
V C N I I V S V N B S J S
A B S E I L I N G E E N H
Z C B H D R E E L F F A R
O K I E A P G N B P C N H
A A P A Y P V O C D A K I
M R Z D U L O T T E R Y K
T A S S G K U P C Z W B I
B O R H S N B C Q F A I N
P K S A J I I M K S S K G
I E L V T T N N D Y H E O
C E K I T H G G N F D R D
N G B N H F O Z I U U I V
I A K G G E A N I N R D P
C B B A B S E A K Q G E E
```

TALK

```
W E I V R E T N I N D G E
Y N E I Y A S J A E H N G
Z E V O I L S R C G I K O
K T V O W P R L E A N L R
R A V T E A A Q L V I A A
P C V A T I J P J E N T T
V I K E M S X L N O T O E
R F E X I E U E K S E L C
L I F V T U U L A L R V Z
A T H R A N L Y R I R B D
A N H E K K A X S T O P E
E O A T R L D R O T G M F
E P A T O A S X F K A W T
A O E U M D L E L T T A T
A D D R E S S D T A E F U
```

◊ ADDRESS ◊ ORATE

◊ CONVERSE ◊ PONTIFICATE

◊ DECLAIM ◊ RANT

◊ EXPLAIN ◊ SAY ALOUD

◊ HERALD ◊ SPEAK

◊ INTERROGATE ◊ TALK

◊ INTERVIEW ◊ TATTLE

◊ JAW ◊ TELL

◊ NARRATE ◊ UTTER

COLD

```
G N O N H Z Z B D Y B M P
R A B A Y P P I N L R P Z
E I I E N R D C U L E G F
B L V L J B I K U I F G V
E I P O P O L A R H R N L
C T Q P H E E E Y C I I C
I P X H F G G D A Z G Z E
F E Z T R H X Y S K E E K
A R V U U X Q L N F R E A
F I U O R L E D R O A R L
J R R S O E G L V Y T F F
Q A O E T H U F I S O S W
K R F S B H S U L S R J O
O G N P T I S R U T J E N
N O G A X Y S R E V I H S
```

◊ BLEAK ◊ REFRIGERATOR

◊ CHILLY ◊ REPTILIAN

◊ FREEZING ◊ SHIVER

◊ FROSTY ◊ SIBERIA

◊ GELID ◊ SLEET

◊ HAIL ◊ SLUSH

◊ ICEBERG ◊ SNOWFLAKE

◊ NIPPY ◊ SOUTH POLE

◊ POLAR ◊ STONY

WORDS STARTING CON

◊ CONCAVE ◊ CONICAL

◊ CONCERN ◊ CONKERS

◊ CONCH ◊ CONNIVE

◊ CONDOR ◊ CONSCIENCE

◊ CON-FEDERATION ◊ CON-TEMPORARY

◊ CONFER ◊ CONTROL

◊ CONFIRM ◊ CONUNDRUM

◊ CONGER ◊ CONVEX

◊ CONGO ◊ CONVOY

```
C G O C O N V O Y S X T C
O C C O N G E R R E C D O
N O N C O N E E V O C O N
A N O C O S K N N C C K R
Z T I O R N O C O N F E R
C E T N O C G N L E C O U
O M A C O N C O V M O O O
N P R H U E O I U C N K N
S O E A R R N R M O T M O
C R D N J N D C O N R I C
I A E B O N O O T I O E H
E R F C U O R N F C L F B
N Y N N O C O N C A V E N
C A O G O N O C A L I R O
E C C N R C Y N O C N O C
```

BRITISH MONARCHY FIRST NAMES

◊ ALEXANDRA ◊ HELEN

◊ ALICE ◊ HENRY

◊ ANGUS ◊ LOUISE

◊ ANNE ◊ MARGARITA

◊ ARTHUR ◊ MARY

◊ CHARLES ◊ MICHAEL

◊ CHARLOTTE ◊ PHILIP

◊ DAVID ◊ WILLIAM

◊ EDWARD ◊ ZARA

```
S M M I D S L I C J O C J
S U G N A A G Y R A M H Y
H N X K E N R E T Q A A A
C T E B R R H T X S R R R
C H A R L E S R H Q G L D
L E A H C I M M N U A O N
P N O Y M O I D E E R T A
U I K O G A R W L L I T X
N S Q T E G I O E C T E E
E L I N I E U L H O A P L
D S N I S I S E L B H J A
W A W W S V N A L I C E T
A J V E U R A A L E W W N
R R K I Y R R I A R A Z L
D D C P D F P N R I Q R N
```

27 TOYS

```
T E P P U P U E J T N Z Z
E G I B V H I E H S D E Z
M D Q L L Q E E B S I R F
P E P O C S O D I E L A K
G L D C E K B T U G B S U
N S A K P B E A T M Q G T
I L Z S R L D I L I U T K
W L K I T E Y Q V L S S O
S N C T D I G Y O Y O C Z
Y K A I H P C F F S L O C
S R L O V C U I T M D O N
C S H M Z R A L N V I T S
P W K D B J I Y Q E E E B
Z Y M Y P T M V N Q R R M
D V C X S S J M Y Y S A N
```

◊ BALLOON   ◊ RATTLE

◊ BLOCKS   ◊ SCOOTER

◊ BRICKS   ◊ SLEDGE

◊ FRISBEE   ◊ SLIDE

◊ FURBY   ◊ SOLDIERS

◊ KALEIDOSCOPE   ◊ STILTS

◊ KITE   ◊ SWING

◊ PLASTICINE   ◊ YACHT

◊ PUPPET   ◊ YO-YO

28 SHADES OF RED

```
A N D X Y L P E O S A D D
C I R F B D J C H E R R Y
C I S X U S D D D E R Y T
H U N H R N B U O V S Z D
R V L N C R Y H R O T N E
O T F I A U E A R U L R N
M N X C F B F T S U A B I
E N I L K U A C A S Y W G
D T A D Z A A R P L L E N
E M Z N Y N M B L I O P E
E B R I C K E O N E B W E
T I N O U R F D E A S S R
A S N N R C I E M J T I I
R G V Y B A I Q H T E K F
O U T L N L G U Q Z R I K
```

◊ AUBURN   ◊ FOLLY

◊ BLOOD   ◊ FUCHSIA

◊ BRICK   ◊ INDIAN

◊ CHERRY   ◊ LOBSTER

◊ CHROME   ◊ RASPBERRY

◊ CINNABAR   ◊ ROSY

◊ CONGO   ◊ RUBY

◊ FIRE ENGINE   ◊ RUDDY

◊ FLAME   ◊ TUSCAN

◊ ABSENT

◊ ANTLER

◊ CUTEST

◊ DESIRE

◊ EMPLOY

◊ FLIGHT

◊ GABBLE

◊ GAZING

◊ JOTTER

◊ MINION

◊ PLINTH

◊ RANGER

◊ RUSTED

◊ SEETHE

◊ SENIOR

◊ SENSOR

◊ STENCH

◊ SYDNEY

```
R D D F Q K G I Z I I T E
R R Q L G F F N G R N W B
O A E L R B D H Q O J E E
Q V J G U U E I I I O N R
E A C H N V S N S N Y W R
W X U T R A I F E E V E X
I K T U D M R T N S T O G
B E E H F E E D S T V A J
Y I S D L S Y U O A B Q H
O G T T E S Q J R B R A C
L Q N E H T N I L P Z V N
P A T I A B S E N T C L E
M H X V Z D I U P A U A T
E U S H T A R F R R D K S
L W W K I E G X I Y Y U B
```

◊ APPLE

◊ BANANA
CREAM

◊ CHEESE

◊ CRUST

◊ FISH

◊ FRESH

◊ FRIED

◊ FRUIT

◊ LATTICE

◊ LEMON

◊ MERINGUE

◊ MINCEMEAT

◊ OVEN

◊ PEACH

◊ PECAN

◊ POTATO

◊ TAMALE

◊ TART

```
R N C I X H T P I X X U Q
A T O R Z J E N P E A C H
M N D T T C D O O A A O U
I E B N A P U E P M N T M
N A R N R T E N I N E A I
C E O I T D O G F R E L A
E B U U N D N P I R F E M
M E O E J G E G C K U C D
E N G H T L U A T R S I N
A L Y T P E N E V O S T T
T L X P L A O F F D L T C
S O A A N C X R E P T A R
J F M A W C H E E S E L U
I A B S K Q T S F I S H S
T E X H Y A C H Z O E A T
```

MADE OF GLASS

```
J J O I O M B A A S E T K
Q A Q U A R I U M U E Z M
Q Z H R Q F V O Z H F E S
G O B L E T N R J N S S R
B L K F C O E R R A E D P
E I U Q C M M E V T B A I
V H L L I E L T T O B E N
L Q E T K B J E S S M B C
K W G Z M P P M R P R E E
W G O U K I R O F O W P N
E O T B P K G M R L M Y E
I Z E N E A X R Y A A R Z
W I N D S H I E L D I S M
K S O E F M D H G C S X K
Y A R T H S A T W T K T J
```

◊ AQUARIUM   ◊ MARBLE

◊ ASHTRAY   ◊ MIRROR

◊ BEADS   ◊ MONOCLE

◊ BOTTLE   ◊ PINCE-NEZ

◊ BOWL   ◊ PIPETTE

◊ EGG TIMER   ◊ THER-
                      MOMETER

◊ FLASK
                    ◊ TUMBLER

◊ GOBLET
                    ◊ VASE

◊ LAMP
                    ◊ WINDSHIELD

SAUCES

```
S M D B U I R I P I R I P
I U S C O W Q A W D R G I
A L N E P Y R C N I I O E
L P F V Y S U R G L B U N
G L S A L S A V E R D E H
N X R E P P E P E P A Q Q
A I Y X S S V A O H A V U
E E L F O P D P I T T C Y
M M T O B N A N W O R B E
E O Q I I D X G M O N B S
R A R V H A C A N A Z C E
C J X N Y W T T R O U E E
N I W E A O G R C R L W H
H S C A B Y P A R F U E C
E S I B U O S Y L F F Q P
```

◊ AIOLI   ◊ MORNAY

◊ BREAD   ◊ PARSLEY

◊ BROWN   ◊ PEPPER

◊ CAPER   ◊ PIRI-PIRI

◊ CHEESE   ◊ PLUM

◊ CREME   ◊ SALSA VERDE
  ANGLAIS
                    ◊ SOUBISE
◊ CURRY
                    ◊ TOMATO
◊ ESPAGNOLE
                    ◊ WHITE
◊ GRAVY

◊ ABUTMENT   ◊ PANEL

◊ BEAMS   ◊ PIER

◊ CORNICE   ◊ RENDER

◊ DADO   ◊ SCALLOP

◊ DOME   ◊ SCROLL

◊ EMBRASURE   ◊ SPIRE

◊ GABLE   ◊ STRUT

◊ LANTERN   ◊ TIMBERING

◊ MULLION   ◊ TRANSOM

```
A K P I M L E N A P M R R
B X J M O E N H E U W E Y
U S X U S L Q C U P I Q M
T F P W N M I R G P W N E
M N N I A N N A A B R M R
E G A C R T U Y B I F V U
N N D O T E P O L L A C S
T I C M Z K H E E E X E A
D R T N O I L L U M A K R
R E D N E R I A Y N O D B
S B F K H M R A N K I A M
M M R S C R O L L T Z D E
L I A Q B L Q D N H E O C
O T E E M R S T R U T R K
Z I J P B N T A N E L O N
```

◊ AND DINE   ◊ LIST

◊ BARS   ◊ MERCHANT

◊ BOX   ◊ RACK

◊ BUCKET   ◊ SALESMAN

◊ CASK   ◊ SKIN

◊ DECANTER   ◊ TASTER

◊ GRAPE   ◊ VAULT

◊ GROWER   ◊ VINEGAR

◊ GUMS   ◊ WAITER

```
T D V U T D L T R S Q L C
P T V O C M U E A N I K S
R K L T V V T L L S S V X
T B E U N N I I T A T O H
S E N A A A Q N L N B E G
K T N C E V H E E R W L R
T S E I W T S C Y G A Z T
A D A S D M M A R P A C E
M G L C A D C S V E W R K
E R G N R V N L U C M I C
E O O U V E P A R G B N U
C W M T A B T F K U Y B B
X E T U S L A I X M Q J L
E R A M D M D R A S E I E
A N Q Q Z D S I S W R T S
```

SPACE VEHICLES

```
L T I Y N M R R S O Y U Z
R U Z H R T O A S X W U H
X Y E B N F Y T M Y I J D
A L P I O N E E R K C I H
S A A O J R V J A E S N S
A S V R R E R T E C O E A
R N C H E G U N O I T N K
B T U S K N S V R I T D I
G N T L J A E O B S O E G
L U N I K R K V L A I A A
D O T A Y S O S N P G V K
W U A G A S T X D O G O E
B V R E O S S N L L A U T
N E Y V A I O D Y L Y R C
L E I R A Z V L V O P M G
```

◊ APOLLO   ◊ RANGER

◊ ARIEL   ◊ SAKIGAKE

◊ DISCOVERY   ◊ SALYUT

◊ ENDEAVOUR   ◊ SOYUZ

◊ GIOTTO   ◊ SURVEYOR

◊ LUNA   ◊ VEGA

◊ LUNIK   ◊ VENERA

◊ ORION   ◊ VOSTOK

◊ PIONEER   ◊ ZOND

FONTS AND TYPEFACES

```
P A C C S R P Q Z R W N R
N W U T I R E P O O C A L
I N K Q A H A U U O N M O
J L B X I R T U A A A O P
I N I C N T N O M B R H T
N S N O O I N K G R E A I
O Y P E V U O A P L A T M
D R N E L O R E K S L L A
O N R M B A O I D O O E C
B S R M M G C I E U O G B
L E N O E F K N F R R B J
H A N S N R W U W L T Z Q
Q D I H E E E E E M A V E
P H L R R O L V S E Q M G
M S B D A H L A F A A Q A
```

◊ ARIAL   ◊ FLAMA

◊ ARNO PRO   ◊ GARAMOND

◊ BAUER   ◊ NUEVA

◊ BELL GOTHIC   ◊ OPTIMA

◊ BODONI   ◊ PRAXIS

◊ BOOK ANTIQUA   ◊ ROCKWELL

◊ BOOKMAN   ◊ SEGOE

◊ COOPER   ◊ TAHOMA

◊ COURIER   ◊ UNIVERS

MISERABLE

◊ BLUE
◊ IN THE DUMPS
◊ CRUSHED
◊ PATHETIC
◊ DESOLATE
◊ PITIABLE
◊ DISMAL
◊ SAD
◊ DISTRESSED
◊ SORRY
◊ DREARY
◊ TEARFUL
◊ FED UP
◊ UNHAPPY
◊ GLOOMY
◊ UPSET
◊ GLUM
◊ WRETCHED

```
N Y P P A H N U I V N N P
D T D A T O E W L C W Y U
G D E R G Y T Y E Y R D D
I O S S R R A V R R Y E E
C I S N P T L E O F X H F
I N E Y E U O S U I G C T
T T R L D I S M A L T T R
E H T Y E C E L O E B E C
H E S R B O D O L W F R B
T D I A A S M B N R U W L
A U D E D Y A E M S D G A
P M O R Y I O B H P P L C
G P N D T N T E A R F U L
O S V I W O D E W D N M G
X P P S T G G Z E O T T L
```

JANE AUSTEN

◊ CHAWTON
◊ MARIANNE
◊ DASHWOOD
◊ MR ELTON
◊ ELINOR
◊ MR WESTON
◊ EMMA
◊ MR YATES
◊ EVELYN
◊ ODE TO PITY
◊ GEORGE
◊ ROMANCE
◊ JAMES
◊ THOMAS EGERTON
◊ LADY DALRYMPLE
◊ TOM LEFROY
◊ LUCY STEELE
◊ WINCHESTER

```
M C S V O J E E V E L Y N
M R Y Z G K A V G U E H O
O L O R N A R M T L V U U
P M D N N O T S E W R M G
N L N L I S T E Z S I E W
O R K I F L T L L O O D I
T H O M A S E G E R T O N
W O O M Y A M I G R D O C
A E M C A R M E N E M W H
H K U L Y N A C T X J H E
C L Y A E R C O N M N S S
L F T N T F P E O U A A T
Y E N N A I R A M O Z D E
S N G K T O M O O F T H R
L A D Y D A L R Y M P L E
```

ABIDE WITH ME

```
P X W B A C Y S G Y G P X
G U L I V E O N A R R R Y
L R G P O A E T O E M P T
B A Z V U U S F S H E S S
O N S P X T D T D E C X U
C O N T I N U E K C P T R
S T O M A C H P E P L V V
E I H T J T G G W B F C I
T A S J K T T Y K I V P V
T W H T V L I E A O T V E
L A R D P L E B N B O H Z
E C J G Q E R R A D C R X
R A E B J W C N A H N N B
S N L L O D V C N P N M I
W V Q Z C P Y V A X P I G
```

◊ ACCEPT   ◊ LAST

◊ ATTEND   ◊ LIVE ON

◊ AWAIT   ◊ PUT UP WITH

◊ BEAR   ◊ REST

◊ BROOK   ◊ SETTLE

◊ CONTINUE   ◊ STAND FOR

◊ DWELL   ◊ STAY

◊ INHABIT   ◊ STOMACH

◊ KEEP   ◊ SURVIVE

RIVERS OF BRITAIN

```
Y T G H N L V T G T T T Q
N W Y I T O I E R T E S I
T E S N A R F Y E F O E V
X L Z T E R A R A L T Z S
R L E B A W R Q T R E N T
P A Y H D A U E O U C X H
F N W E P G N O U E K N C
R D M S K R R X S S R M T
D S I G Y H S N E O O Q O
L E R I N Q O F H R L F R
J Y A P N V I D I Z W U E
R A T E A C N S S E O N R
X R D A U I T X A T V N D
Y E W O F O A R S Q E H D
Q S U D N F L D O X O N A
```

◊ AVON   ◊ TAFF

◊ EDEN   ◊ TEES

◊ FINDHORN   ◊ TRENT

◊ FOWEY   ◊ TYNE

◊ GREAT OUSE   ◊ WEAR

◊ MEDWAY   ◊ WELLAND

◊ MORISTON   ◊ WHARFE

◊ PARRETT   ◊ WYE

◊ STOUR   ◊ YARE

41 ASSOCIATE

- ALLY
- AMALGAMATE
- ATTACH
- CHUM
- COMBINE
- COMPEER
- CONNECT
- FRATERNITY
- FRIEND
- JOIN
- LEAGUE
- LINK
- MIX TOGETHER
- PARTNER
- RELATE
- SYNDICATE
- UNITE
- YOKE

```
I T K E B P B V L G N Y Z
T C A M A L G A M A T E R
A R Q O K F D N E I R F Z
T X S P A M B X N E Q S Z
T M T L I I M R E I K Y C
A Q L S M X E P M C D N G
C Y T U E T M I G V D D X
H C H P A O E K N I L I E
E C D R C G N V P H E C T
B T F G O E I Z A R U A I
J E A E N T B A R C H T N
Y O I L E H M V T M C E U
P O I U E E O G N Z C P Y
Y Z K N E R C L E A G U E
R T C E N N O C R Q V Z L
```

42 CITIES OF ENGLAND

- BRISTOL
- CHELMSFORD
- DERBY
- DURHAM
- ELY
- EXETER
- LEEDS
- LINCOLN
- LONDON
- NORWICH
- PETER-BOROUGH
- PLYMOUTH
- PRESTON
- RIPON
- STOKE-ON-TRENT
- TRURO
- WELLS
- WINCHESTER

```
C O R E T S E H C N I W Q
R N S D X U H C I W R O N
E S O M C R Z K G R R D J
T K W T A S I B E U Q R S
E R O Y S D X P R V Y O T
X D Q R T E C T O T I F O
E C U R D E R B Y N E S K
Z K U R W L R P O F D M E
Y R G E H I I D P U S L O
E L L A S A N N O R N E N
D L E T C O M L C X F H T
S U O S L K Y D T O A C R
T L H O H T U O M Y L P E
E E N H X U D I B O P N N
H G U O R O B R E T E P T
```

25

```
F O U S L L E P S U D N S
I R T E S Y T M Z A R S V
G N T R J W R N Q D T A E
O D I S A P P E A R I N G
S D L D E O R F K Y J W A
U O L S U P G E D C L L T
N K T M M O A L G W I U S
Y I M C R L H C L A A R B
P M L R F A H K A T M N T
O E I R E S H W S E A Y D
W I S S E D N C S R Z W O
E T H R V M N S N T E P F
R O J S U O R O M A L G E
W X R L O C K S W N V R O
I C U S T M S D J K P N O
```

◊ AMAZE   ◊ MERLIN

◊ CAPE   ◊ POWER

◊ CHARM   ◊ SHOW

◊ CURSE   ◊ SPELLS

◊ DISAPPEARING ◊ STAGE

◊ GLAMOROUS ◊ TRICKERY

◊ GLASS   ◊ WAND

◊ HOUDINI ◊ WATER TANK

◊ LOCKS   ◊ WONDER

```
E C N A I T N E I L A S N
K I T D E N I R E S N A D
A L E Q L O T P L C R U N
N O J E A I F E T U D I U
B B G S C A L Y N X B N C
A A I E S I W A A H I V A
T T A I C R K A M X V E U
R E C C A N I N E A R D
A M E F A N L P R T L T A
C N M L E U Z I G A V E T
H N A L I L D G D D E B E
I D I V S G I A O E R R D
A D C K I E A N L P O A E
N U N I V A L V E F R T E
O K G I Z W N U N N V E I
```

◊ ACAUDAL ◊ FELINE

◊ ANNELID ◊ INVERTEBRATE

◊ ANSERINE ◊ MANTLE

◊ ANURAN ◊ METABOLIC

◊ AVIAN   ◊ PEDATE

◊ BATRACHIAN ◊ SALIENTIAN

◊ BIVALVE ◊ SCALY

◊ CANINE ◊ UNIVALVE

◊ CAUDATED ◊ VAGILE

VARIETIES OF CARROT

- ◊ BERJO
- ◊ BERTAN
- ◊ BOLERO
- ◊ CAMBERLEY
- ◊ CLEOPATRA
- ◊ EVORA
- ◊ KAMARAN
- ◊ KAZAN
- ◊ KINGSTON
- ◊ MAESTRO
- ◊ MARION
- ◊ NANTUCKET
- ◊ PARABELL
- ◊ PRIMO
- ◊ SWEET CANDLE
- ◊ TREVOR
- ◊ VALOR
- ◊ YUKON

```
G O E F E A P R P L K X G
N U T L J R R A T F A O Y
U O K U D B O O K A M M E
N P I I I N O L V S A I L
A T N R A T A L A E R R R
N R G Y A V W C E V A P E
T O S R U M N S T R N I B
U V T F E K D A T E O B M
C E O R A K O A T D E A A
K R N Z X Z P N O R E W C
E O A E C O E K J S E I S
T N O I E X S O T G S B C
C B L L E B A R A P T Q V
D T C H I A O M L R A E T
O J G R Q R O V E R T Z H
```

C WORDS

- ◊ CACHE
- ◊ CAGEY
- ◊ CALLOUS
- ◊ CAVEAT
- ◊ CEDILLA
- ◊ CHURLISH
- ◊ CHUTE
- ◊ CLIMBING
- ◊ CLIPPER
- ◊ CLOCK
- ◊ CLOVER
- ◊ COPYCAT
- ◊ CRATER
- ◊ CRAVEN
- ◊ CRESTFALLEN
- ◊ CROCUS
- ◊ CURTAIL
- ◊ CUTICLE

```
C G F C Q G E Y L C V F C
C N C H L H C M E V P C S
H I I I C I B F C G C L U
C B T A C Y P O C M A O C
G M C C P E C P C I H C O
I I T E N A D W E C C R R
W L O C L H S I L R U H C
T C O L C C G Z L I R C C
C Y O L L R E V O L C D E
V U O C P A T P V B A G Y
S C R E S T F A L L E N C
K A J T C E E T E T N O H
M N E V A R C J B V P W U
Z X C U T I C L E N A L T
C E R W T S L O C I X C E
```

CALENDAR

```
Y A M G X F O J S N P T N
Z S R O Y C T U T A T Q F
W R M E T A R N T I S A L
B N P O T P D E Q L U E Y
Y Y B E N S K R G U G Y M
Q E L K N D A O U J U S Q
R N H U M T A E M T A N R
A U O N J O E Y E I A O E
X C Y O X L N C N M B S B
A R D P M O I T O W Z P M
J Q G P U W S R H S W T E
H C R A M D E P P S T F T
P N S E A S O N S A W S P
B J I Y C T T A Q U Q V E
Y V S E A F M W X L N Z S
```

◊ APRIL   ◊ MONTHS

◊ AUGUST   ◊ NEW MOON

◊ EASTER   ◊ OCTOBER

◊ JULIAN   ◊ PENTECOST

◊ JULY   ◊ ROMAN

◊ JUNE   ◊ SAINTS' DAYS

◊ MARCH   ◊ SATURDAY

◊ MAY   ◊ SEASONS

◊ MONDAY   ◊ SEPTEMBER

SILENT H

```
K G E I D U A T L N L R T
E U F X N R U L G I A H E
S L U O H G E T I H W Y Z
D 3 T O M A C H O Z O M A
L P O S T H U M O U S E F
D Z P L I H T S O T R M G
D R I K S H T C T S S A H
S E A M O I W H S O A P A
D H I T S O S O V H C N N
K U A A K O W O Y G C Q L
F A K R A W H L H H H D V
S B B W H E E L O R A V S
T T J I T Q L R S A R A H
I E L C A R K A R I I I A
J E I I O S X Y N W N M C
```

◊ AFGHAN   ◊ SACCHARIN

◊ ANCHOR   ◊ SARAH

◊ CIRRHOSIS   ◊ SCHOOL

◊ EXHAUST   ◊ STOMACH

◊ GHOST   ◊ WHEEL

◊ GHOULS   ◊ WHELK

◊ KHAKI   ◊ WHILE

◊ POSTHUMOUS   ◊ WHISTLE

◊ RHYME   ◊ WHITE

- ◊ BASIC
- ◊ LIGHT
- ◊ CALM
- ◊ NATURAL
- ◊ CASUAL
- ◊ NOT HARD
- ◊ CINCH
- ◊ RELAXED
- ◊ EFFORTLESS
- ◊ SIMPLE
- ◊ FOOLPROOF
- ◊ SURE BET
- ◊ GENTLE
- ◊ TRIVIAL
- ◊ GRADUAL
- ◊ UNHURRIED
- ◊ LEISURELY
- ◊ WALKOVER

```
I P M L A U D A R G W H T
I Y D M D E X A L E R G B
D L W B G A O W G N P S V
C E G E S L A R U T A N M
I R I M L L O L U L H L D
S U O R K S A G U E A E R
A S T O R I C I N C H F A
B I V E V U H Z L X O F H
J E W I B L H A N O S O T
R L R L T E U N L C I R O
D T I H O S R P U E M T N
J S V G A F R U A A P L N
Y K J C H O L I S M L E Z
Q I E O O T I L Y I E S K
F E L F T C M J N A A S H
```

- ◊ CAPTURE
- ◊ HITCH
- ◊ CLUTCH
- ◊ HOLD
- ◊ COLLAR
- ◊ HOOK
- ◊ ENMESH
- ◊ NET
- ◊ ENSNARE
- ◊ OVERTAKE
- ◊ ENTANGLE
- ◊ SEIZE
- ◊ ENTRAP
- ◊ STOP
- ◊ GRAB
- ◊ SURPRISE
- ◊ GRIP
- ◊ UNMASK

```
R S A W S N K U S E I Z E
R A L L O C W H H L Y K Z
E G H P L V C L G S X O G
V L R U A T E L Z E D Q L
O K T A I R B A F N U E X
M C K H B R T R O T G K O
H E E D Y J Q N O A G A N
E S I R P R U S E N R T I
N J U T X W E I E G R R T
M R E N S N A R E L S E J
E M E A O H H O U E O V G
S T T J O A L O K T K O R
H V V L A A W S T O P L I
I I D E U N M A S K O A P
A A G L A W I K Y F Y H C
```

WORDS ENDING EX

```
X C L O X I K S O X P I X
E Y T X F U J E P E C X J
S X N A R T H E X V X V U
I S E J E E X X B N H E H
N N R L F X T P U O R R H
U X D D L R C X K C I T Z
C S E E E O E S U S S E X
A I B E X F P S D A X X X
U L D G I I X D C U N E G
D X E T A L O N T S L I H
E A N C I M Q E X P W Y X
X O N A I C U P I E X W Z
P C H N P F B R B X X N F
A X O J E E T T E L E X M
X V U T N X X R M X Z T X
```

◇ ANNEX   ◇ NARTHEX

◇ APEX   ◇ POLLEX

◇ AUSPEX   ◇ PONTIFEX

◇ CAUDEX   ◇ REFLEX

◇ CONVEX   ◇ SUSSEX

◇ IBEX   ◇ TELEX

◇ INDEX   ◇ TRIPLEX

◇ LATEX   ◇ UNISEX

◇ MUREX   ◇ VERTEX

COUNTRIES OF THE EU

```
A E A F M L U N S V A R G
T C C V N L A L U M J U T
L Y I E H H O T W U P U U
A P Z M E V H T V N C Y I
M R U V E R S X Q I C J T
S U L N B G G S S R A G A
N S I S F R A N C E C L L
R A T K W P N A K L O A Y
E W H F N E U N D A A G H
U I U I E S D E G N I U D
A N A X T I N E J D N T N
F P N R P M X Q N G O R A
S A I T A O R C A E T O L
V A A R O M L R A R S P O
S A K E S L Y E Q M E V P
```

◇ AUSTRIA   ◇ ITALY

◇ CROATIA   ◇ LATVIA

◇ CYPRUS   ◇ LITHUANIA

◇ DENMARK   ◇ MALTA

◇ ESTONIA   ◇ POLAND

◇ FRANCE   ◇ PORTUGAL

◇ GREECE   ◇ SLOVENIA

◇ HUNGARY   ◇ SPAIN

◇ IRELAND   ◇ SWEDEN

WILD WEST USA

- ◊ BLACK BART
- ◊ BOB FORD
- ◊ BRANDING IRON
- ◊ CALAMITY JANE
- ◊ CATTLE
- ◊ COWPOKE
- ◊ DOC HOLLIDAY
- ◊ GAUCHO
- ◊ HENRY STARR
- ◊ HOLSTER
- ◊ HOWDY
- ◊ JOHN RINGO
- ◊ LASSO
- ◊ OUTLAWS
- ◊ POSSE
- ◊ RANCH
- ◊ ROY BEAN
- ◊ STAMPEDE

```
K Y Z P A S A G T F Z E Y
H E N R Y S T A R R L A N
K C G R R G A B X T D O D
G P A M J O P D T I R H A
V T U L N H H A L I O O E
S L C B A L C L G J I W L
W D H Q M M O N O G E D A
A R O F Y H I H A S D Y S
L O B N C D N T S R E G S
T F W O N R C O Y N P M O
U B D A I X P Q L J M K S
O O R N T R A B K C A L B
H B G C O W P O K E T N D
R O Y B E A N E M U S N E
I R E T S L O H J K E T O
```

HA, HA, HA

- ◊ HAGFISH
- ◊ HAGGLE
- ◊ HAIRBALL
- ◊ HAITIAN
- ◊ HALLWAY
- ◊ HALTER
- ◊ HAM-FISTED
- ◊ HAPHAZARD
- ◊ HARSH
- ◊ HARVARD
- ◊ HASTY
- ◊ HATBOX
- ◊ HAUGHTY
- ◊ HAULM
- ◊ HAUNCH
- ◊ HAVOC
- ◊ HAWAII
- ◊ HAZIEST

```
L U H M H U U Q Y T D I Z
H I C A L G K A Z S X H T
U A J D P U U E D E O A Q
H A U N C H A R Q I B G S
E L G G A H A H L Z T F G
M L A L H V L Z K A A I A
C Z T G R T C P A H H S F
C E F A C X Y E Q R R H O
R O H A M F I S T E D H N
B I V A P G F L I L A J Z
Z H I A L L A B R I A H C
F A U A H L I N T F D A B
R S E J W Q W I H A R S H
A T T I C A A A R O Q U O
F Y N G G N H F Y E M P G
```

PLAIN AND SIMPLE

```
D I D N A C F Z N Y N A K
R D I S C E R N I B L E P
D E C V Z Z R W A Z F A C
E E U D E T U M L O T E I
N R L I A Q V B P E D T S
R E I R N U C Z N P O A A
E C U E Q P S T E Q T R B
T N V C S S T T M N J O Q
T I O T N U D A E A K B Y
A S R U T O N D G R V A B
P Y A R G I I O A O E L B
N Q T A F V X T V R V E J
U R B E E B S R H E D N O
J T S L W O W F O F R U U
S T K C T S L H D D X T Q
```

◊ AUSTERE   ◊ MUTED

◊ BASIC   ◊ OBVIOUS

◊ CANDID   ◊ OVERT

◊ CLEAR   ◊ PATENT

◊ DIRECT   ◊ PLAIN

◊ DISCERNIBLE   ◊ SINCERE

◊ EVIDENT   ◊ STARK

◊ LUCID   ◊ UNELABORATE

◊ MANIFEST   ◊ UNPATTERNED

SPORTS EQUIPMENT

```
S T E U Q C A R K K V B G
S H E X G U T Z F A L N E
E K U G A P I E F A M B A
U W A T G A H V G V M D S
L P U T T E R S E R B R A
S M Q W E L T R O R A M U
P R Y A S E E X O O S T T
A N O Q N B N C Q W Z C A
X O M A V C A L O Q X U C
Z T S S J E B S S C O Y D
H I L H E G Z N E F K A I
N P L T O D C H O B R I K
C U U K F E E S D T A P H
A F C C D W S I S G A L J
J X S J K E G U L Q N B L
```

◊ ARROW   ◊ PUTTER

◊ BASEBALL   ◊ QUIVER

◊ BATON   ◊ RACQUET

◊ DARTS   ◊ SCULL

◊ LUGE   ◊ SHOES

◊ NETS   ◊ SHUTTLECOCK

◊ OARS   ◊ SKATE

◊ PITON   ◊ TARGET

◊ PUCK   ◊ WEDGE

ORCHESTRAL INSTRUMENTS

- ◊ CELLO
- ◊ CORNET
- ◊ DOUBLE BASS
- ◊ DULCIMER
- ◊ FLUTE
- ◊ GUITAR
- ◊ LYRE
- ◊ MARIMBA
- ◊ OBOE
- ◊ PIANO
- ◊ RECORDER
- ◊ SNARE DRUM
- ◊ TAMBOURINE
- ◊ TAM-TAM
- ◊ TIMPANI
- ◊ TUBA
- ◊ VIBRAPHONE
- ◊ VIOLIN

```
T R B Q E Z E V L I Z H E
I A F Z T T W L E Y S E N
M T O D U L C I M E R G I
P I B L B H S N A X J E R
A U F S L S P D B X D G U
N G E M Y E S O M P X Q O
I R N G U G C U I B D T B
W E O T O R T B R D M N M
L D H V H U D L A R I I A
C R P O B P T E M U V L T
Z O A A R L I B R V J O M
C C R M H F S A U A B I A
J E B N Z L B S N O N V T
Y R I N E M I S E O V S E
M H V R Z T H C L N C C V
```

RIVERS OF THE USA

- ◊ CLARK FORK
- ◊ COOSA
- ◊ EDISTO
- ◊ GILA
- ◊ GRAND
- ◊ HURON
- ◊ KOYUKUK
- ◊ MILK
- ◊ MILLERS
- ◊ MOOSE
- ◊ ROSEAU
- ◊ TANANA
- ◊ TYGART VALLEY
- ◊ VIRGIN
- ◊ WABASH
- ◊ WHITE
- ◊ WILD RICE
- ◊ YELLOWSTONE

```
N B E E Q I E H D E S O R
T Y G A R T V A L L E Y E
E W E R C M K Z S W D G T
Z R S L A L I I I X I X I
E U O V L N A L C A S I H
A A O S I O D R L N T U W
A I D C E R W I K E O U R
D S I S I A G S O F R L T
N H O C J H U I T A O S I
X O E O G L S D N O L R V
M G R S C D O A Z M N E K
M R E U L I N O B M R E O
I D A O H A A A Q A Z E I
L F A D T Q E S S H W G S
K O Y U K U K E P L Z H L
```

PHOTOGRAPHY

```
W I B V S N I A T E F D S
T O I D U T S E S P F S E
E N L A R G E M E N T V D
T I N T S U N F I H I Y I
P O T S F M L H G T C S L
R P N L A I A I C N L E S
U E P E S S L E E B O L P
P L B N R T P R Q H S G E
I R A O O S A C S P E N D
Q P J P R P T T A M U A T
S B S E S T O F C M P T C
R N P N F H S D R O E M A
W U A R D O D G E S G R I
M R L W N E S O G T J G A
T P J B N T T P Z D X L E
```

◊ ANGLE
◊ BLUR
◊ CAMERA
◊ CLOSE-UP
◊ DODGE
◊ ENLARGEMENT
◊ F-STOP
◊ HOT SHOE
◊ MATT

◊ PERSPECTIVE
◊ SLIDES
◊ SNAPS
◊ SPOTLIGHTS
◊ STROBE
◊ STUDIO
◊ TINTS
◊ TONER
◊ TRANS-PARENCY

ROCKS AND MINERALS

```
E P I E T O D I P E J A C
L X M E L T H Z P I E H E
B M A F L Q H E Q F T R L
R V J R U X T Z V L Y A C
A Z E A O I R G D H O Y E
M O R S L B F O P C W R T
K T B A U W B O N Y H A I
Z Z R S A V N U B Y G T R
F U M Y I A I X Y C X N E
S O A I R D F A I O K E L
P C R G U T I V N N O M A
I S L B U R R A S I O I H
N P T F B A K P N Y T D P
E U F F R A A Q D R D E S
L R K Z Q R G O A U P S B
```

◊ BORAX
◊ COAL
◊ EPIDOTE
◊ GABBRO
◊ GRANOPHYRE
◊ JET
◊ MARBLE
◊ MARL
◊ OBSIDIAN

◊ ONYX
◊ QUARTZ
◊ SEDIMENTARY
◊ SPAR
◊ SPHALERITE
◊ SPINEL
◊ TUFF
◊ URALITE
◊ VESUVIANITE

INVENTORS

- ARCHIMEDES
- BELL
- BENZ
- BURROUGHS
- CARTWRIGHT
- COCKERELL
- DE SEVERSKY
- DIESEL
- DUNLOP
- GATLING
- GUTENBERG
- PASCAL
- PERRY
- RICHTER
- STEPHENSON
- TESLA
- TULL
- VOLTA

```
N A S H G U O R R U B P S
J I R S G N I L T A G D R
C S B C A C P O L N U D R
A G L E H S P E V U A D L
R N U T L I X A B L T I L
T L E T O L M D S I E E E
W R L K E J W E R C J S R
R W D A L N T P D Z A E E
I S L I K N B Y E E G L K
G X N C V Z D E T R S E C
H T H O G N V T R J R J O
T T L O H E V D A G S Y C
E T R F Z B O O T W J S Q
A E Y K S R E V E S E D L
D N O S N E H P E T S D L
```

TREASURE ISLAND

- BEACH
- BEN GUNN
- CHEST
- COVE
- CREW
- FLINT
- GEORGE MERRY
- LIVESEY
- MR DANCE
- MUSKET
- PISTOL
- SAILS
- SCHOONER
- SEAMEN
- SHIP
- STEVENSON
- STOCKADE
- YO HO HO

```
D Y S L I A S Z T U S U D
D D R A L E Q L S I Z E E
S J K R S X S X E V W T Z
E O T N E O H O H O Y S X
W F U V T M T Y C O T W N
D Z O B F R E N O O H C S
N C A B Z S S G C A J P Y
N E M A E S O K R W Q I N
N D W V Z A A A E O B H V
F L I N T D C A W B E S M
B L I M E S V H W N N G U
N O S N E V E T S K G R S
Z U Z F N E W N R O U E K
P I S T O L M R D A N C E
B E I I K P A H V J N W T
```

```
E B E S E E C H E N T E E
M L E C U U T O W V R H R
E N O B L E E H S O E U E
M L N O M S E J B G E R V
N V Z T H R E E S C O R E
I E U Z E L L E E N I I E
E E X V E L R S T F E E L
C O E M E B E R R H L T S
E R E H B E M E E E E C B
S N I E H E S E M J M R J
T T D C R H E M O R E E N
E E O E E I H O F E N E Q
N A D N W V E N Z H Y P T
U A E E F E J E E T T E S
E D S U E X P E N S E R G
```

◊ BEEHIVE   ◊ FRESHENED

◊ BESEECH   ◊ HEEL-BONE

◊ BREEZE   ◊ HELLEBORE

◊ CHEESE   ◊ MELEE

◊ CREEPER   ◊ SEETHE

◊ EERIE   ◊ SETTEE

◊ ELEMENT   ◊ SLEEVE

◊ EMBEZZLE   ◊ THREESCORE

◊ EXPENSE   ◊ WHEREVER

```
S D I L E Y E X E J Z F G
E M E H B Y S Q U I N T S
L F Z X Q G E L C S U M E
I W Z T P M R B E D Q L D
M T F T O R N I R G M I E
S Q R U M J E A M O A M G
O Z T A A L E S C A W O A
G H C J M B U H S E C S S
E I T B H S I Y V I W E I
Z W U H P N E Y E S O E V
A N O I X E L P M O C N Q
I P L X X R D J E S K I N
Y B L U S H Q A Q Y X K O
W F G Q M Q R B I B Z B S
T J C M C S X X M W W N E
```

◊ BEARD   ◊ GRIMACE

◊ BLUSH   ◊ LIPS

◊ CHIN   ◊ MOUTH

◊ COMPLEXION   ◊ MUSCLE

◊ EARS   ◊ NOSE

◊ EXPRESSION   ◊ SKIN

◊ EYEBROWS   ◊ SMILE

◊ EYELIDS   ◊ SQUINT

◊ EYES   ◊ VISAGE

65

AIM

◊ AMBITION   ◊ POINT

◊ ASPIRE   ◊ PROPOSE

◊ ATTEMPT   ◊ PURPOSE

◊ DETERMINE   ◊ REASON

◊ GOAL   ◊ SIGHT

◊ HOPE   ◊ STRIVE

◊ INTENTION   ◊ TENDENCY

◊ MARK   ◊ VIEW

◊ MOTIVE   ◊ WISH

```
F T P G S G U W N K R A M
T P X J X L R O T E H S F
E M V I W G I M N I S P S
N E Z S E T O I O N D I L
D T I G I S M A B T R R D
E T O B V R J W L E I E K
N A M N E E T F A N S V E
C A P T J S N S K T T T E
Y W E R T H O P E I T E E
H D U R E N U P N O E V H
T U E D R R Q P O N I H I
V H O C P W V L O R T U R
E R G O S R I L T I P R O
I A S I B I Q S K O N I N
E E E E S K S F H O M T U
```

66

BAD

◊ AWFUL   ◊ HELLISH

◊ DEBASED   ◊ ODIOUS

◊ DELETERIOUS   ◊ PERNICIOUS

◊ DREADFUL   ◊ ROTTEN

◊ EVIL   ◊ RUINOUS

◊ EXECRABLE   ◊ SCANDALOUS

◊ FIENDISH   ◊ VENOMOUS

◊ GROSS   ◊ VILE

◊ HATEFUL   ◊ WRONG

```
H S S O R G W T Z J S U I
J E T L B L K R P O U P S
Y Q L L G J U E M D O W U
S R E L T B C F H E I V O
S U Z C I Q K Q W S C R L
H U O C Y S D V U A I V A
U S O I E D H O M B N K D
L G I N D X M U L E R L N
R U J D I O W I F D E R A
P H F U N U V R K I P R C
D E L E T E R I O U S O S
V I V N T C I M J N R T B
R I D R E A D F U L G T J
G V L X P S H Q I T M E Z
V E X E C R A B L E P N V
```

```
M R Y G O K T L M D D C E
T E R N A M Z N F U H K O
X Q B O K C H O Y O G S K
O F L H Y T N G P E F S E
E I S C E Z D S I T L U P
N C I U S I T G O N F Z B
A H L O M I G G W O K H Z
C O K S C H G N T D N G L
D W U K W R Z O O E F Z O
P M S H O E R T Z L B L N
T E R Y T T G A A V O O G
D I D G W Q D H H I L O A
C N L S O Z F U U C C N N
L H O J K N A P M A S H I
O L L C W O T S Q A H S I
```

◊ BOK CHOY   ◊ OOLONG

◊ CHAR   ◊ PEKOE

◊ CHOPSTICKS   ◊ SAMPAN

◊ CHOW MEIN   ◊ SILK

◊ DIM SUM   ◊ SOUCHONG

◊ GINKGO   ◊ T'AI CHI

◊ KAOLIN   ◊ TOFU

◊ KOWTOW   ◊ TONG

◊ LONGAN   ◊ ZEN

---

68   **AUCTION**

```
R S T B D K N V S I N A S
I M E E O L B E V D K D Z
L E Y E N O M X P R O X Y
L M L Q O R I C O M O O X
R O E K Z H E I E H Z E G
G R S N E S A T L U R V E
N A N W E S L E N Z I R E
I B K S S M R M E I E E E
W I A G Y A S E R L L S R
E L L P R H N N Y A G E E
I I C L E R K T J U L R L
V A O L E D S A I A B J O
Z O V T E T R F E Q L V T
M E D A L S L D O Y U S S
S C R A D R R P I O A E R
```

◊ ANTIQUE   ◊ LOTS

◊ BOOKS   ◊ MEDALS

◊ BUYERS   ◊ MEMORABILIA

◊ CLERK   ◊ MONEY

◊ DEALER   ◊ PROXY

◊ EXCITEMENT   ◊ RESERVE

◊ GOODS   ◊ SHELVES

◊ INTERNET   ◊ STYLE

◊ JARS   ◊ VIEWING

PICKLED

- ANCHOVIES
- BEANS
- BEET
- CAPERS
- CARROTS
- CUCUMBERS
- EGGS
- GARLIC
- GHERKINS
- GINGER
- JALAPENOS
- MANGO
- OLIVES
- ONIONS
- PEACHES
- RELISH
- SAUERKRAUT
- SWEETCORN

```
M S L I O S R Q O C C F E
S W S P B T T S N H O G T
R E Z E O O O Z N I O A T
E E E X S R M N X A T A U
B T L T T R D A I L E N A
M C J A L A P E N O S B R
U O E R G C A R G G N T K
C R L G I S E I L S O S R
U N O L E L N S A Q V Q E
C T R V I G T I R E O G U
I A I S E E O C K E G N A
G L H R J D A S J R P G S
O A D N D V W H N C E A S
S E I V O H C N A S L H C
S E H C A E P L D D E Y G
```

MINDFULNESS

- CALM
- CARE
- CONNECTION
- CON-SIDERATION
- ESSENCE
- FEELINGS
- FOCUS
- HEEDFUL
- IN THE MOMENT
- LIGHT
- OBSERVATION
- PEACE
- REGARD
- RESPECT
- SOUL
- SPACE
- VISION
- WISDOM

```
N Q Y Y W O M I S T M C H
N O O L M N K L C L F O M
O O I B U C A L A A O N I
O G I S S F W C U O R N P
I L O T I E D V R W T E T
N U E O A V R E O H T C C
L I W N T R T V E E H T E
F E S E U L E M A H G I P
F E S D X D O D F T B O S
F M E S F M R Z I M I N E
S O R L E F L A E S D O R
P D M N I N O I G C N I N
A S T X X N C C G E A O L
C I K Q T P G E U H R E C
E W Z P X G H S P S T H P
```

71   CHANCES

```
K Y G N I S S E L B P K D
P A H N P D P M R A I D J
O S R S D I N E I S U D E
E S J M L G A E M F Z X K
N I K D A K N E S O X L U
U I C R V D T I O D R H L
T E C N E D I C N I O C F
R Y E T J K P A X E G G R
O N T H E C A R D S P H E
F I N K C U L T O P U O A
P T R R M L M O D N A R K
N S O S X D N D C H E D Y
C E S U O A O H O L S A A
L D D W F B O I U E D L P
J Y T I L I B A B O R P U
```

◊ BAD LUCK   ◊ GODSEND

◊ BLESSING   ◊ HUNCH

◊ BOON   ◊ KARMA

◊ BREAK   ◊ KISMET

◊ COINCIDENCE   ◊ ON THE CARDS

◊ DESTINY   ◊ OPENING

◊ FLUKE   ◊ POT LUCK

◊ FORTUNE   ◊ PROBABILITY

◊ FREAK   ◊ RANDOM

72   EARLY

```
V Y G M E X I M O O Y F E
S R D M D E F R F I T S T
M O D A A Q O O O S S M N
Q T T L E T U N R I P E B
B C S O R R K I I W R R P
B U T N O R F N I N A P U
E D A J I S I S J E U R S
F O P R O T O T Y P E D D
O R S B I I Z O X Z G A G
R T F A M V G R N T U Y B
E N L C J I Y E N O A B I
H I N G O O D T I M E R K
A F U T U R E U O L C E H
N K O N E N G N I N W A D
D H G I U R E M R O F K Q
```

◊ BEFOREHAND   ◊ IN STORE

◊ DAWNING   ◊ INITIAL

◊ DAYBREAK   ◊ INTRO-
DUCTORY

◊ FIRST

◊   ◊ PRIOR

◊ FORMER   ◊ PROTOTYPE

◊ FORWARD   ◊ READY

◊ FUTURE   ◊ TOO SOON

◊ IN FRONT   ◊ UNRIPE

◊ IN GOOD TIME   ◊ YOUNG

VOLCANOES

- AGUNG
- RUIZ
- BERUTARUBE
- TAAL
- JORULLO
- TOON
- KOKO
- TSURUMI
- MAUNA LOA
- UDINA
- OAHU
- UNZEN
- OYOYE
- UZON
- PELEE
- VESUVIUS
- RABAUL
- YASUR

```
V E E B U R A T U R E B W
E Y O Y O Z G I X A T E N
F L A A T H U A O B J I Q
T P H D T Z N S T A J K V
A S U U D N G I R U U O E
M A U N A L O A L L N B V
R K L R E W A O F I V J L
D Z I P U Z F E T E L N I
T N R E K M N Y S N L Y A
S D P Z T G I U A E S N I
R O E L W H V W P S I N J
F O K O K I E E E D U L N
E J O R U L L O U Z S R E
N W K S A E W K O R U I Z
E I K E E B L N Q A F J L
```

MACHINES

- ANSWERING
- SLOT
- DIALYSIS
- TEXTILE
- ENIGMA
- THRESHING
- FRUIT
- TICKET
- GAMING
- TIME
- LOTTERY
- VENDING
- MINCING
- VOTING
- ROWING
- WALKING
- SAUSAGE
- WAVE

```
I R H W T I E G A S U A S
T Y A I O G N I T O V H F
M V U H L V J G V A R E D
E R E G S Y T S N S D D I
F O D N Z K L H T N G V A
T W N I D E E D P Q X T L
E I N R O I B L X L H O Y
K N N E W H N M I R T P S
C G W W A V A G E T L I I
I F A S M H T S E H X G S
T Y L N G E H R V E N E L
I W K A I I Y N M I M K T
B H I T N Q V R M I B Y W
C X N G E B W A T K W P G
G H G J K U G N I C N I M
```

ARTISTS

```
S R E N R H Z C H M R C M
E S W Y W I O C A D E Q O
R E I T I T I A N Y Y S R
O L U S M R L Y M O O Y I
O I V A D S M O O B H G S
M O N E T B E Y N Q C M O
A G I L L E C I T T O B T
Z R L L Y Y T R F K P C B
F B P U I Y S E R W H Q S
D Z R J Z L E E Y A P R S
B A Y A X V W S R R U I U
H R L F Q G L D R H X D V
O A U I D U I N K O X E P
B A R Y E N E A E L Y R F
S C Q I N A I L G I D O M
```

◊ BARYE   ◊ GOYA

◊ BOTTICELLI   ◊ LANDSEER

◊ BOYD   ◊ MODIGLIANI

◊ BRAQUE   ◊ MONET

◊ BRUYN   ◊ MOORE

◊ CHARDIN   ◊ MORISOT

◊ COTMAN   ◊ TITIAN

◊ DALI   ◊ WARHOL

◊ FRIEDRICH   ◊ WEST

NOT ON A DIET

```
Q M E S I A N N O Y A M D
X Y L L E J F E U V C Q A
V N H S N T U M K T C L E
R B A T W G D P V O I J R
S A M N U E G P N O C A B
E F B A L C E Z Q A S Z H
T H U S Y K S T Z P K O H
A J R S W L H J S C A L O
L I G I L W M F O V A R W
O Y E O V F E O O R A V I
C M R R X S K C I G E M P
O M S C W I A B U W A E S
H H V I E D W S K L O N B
C G N S O A A J A N U W P
L E M A R A C S O B J S X
```

◊ AVOCADO   ◊ FUDGE

◊ BACON   ◊ HAMBURGERS

◊ BEER   ◊ JELLY

◊ BREAD   ◊ MAYONNAISE

◊ BUNS   ◊ ROLLS

◊ CARAMEL   ◊ SALAMI

◊ CHOCOLATE   ◊ SUGAR

◊ COOKIES   ◊ SWEETS

◊ CROISSANTS   ◊ WINE

BEER

◊ AROMA   ◊ HARVEST ALE

◊ BARLEY   ◊ HOPS

◊ BARREL   ◊ KEGS

◊ BOTTLE   ◊ LAGER

◊ BREWERY   ◊ LIQUOR

◊ BROWN   ◊ MILD

◊ CELLAR   ◊ OLD ALE

◊ EXPORT   ◊ SPICY

◊ GOLDEN   ◊ YEAST

```
S I B X F E R S S R N E R
S P M E J L E B D O J N I
R G O J T A O Q G U Q E E
A J E H X T F P T Q S Y L
M Q O K T S L T G I E X E
D R A L L E C F R L P T R
S A E E R V Q S R O J B R
L S F Y L R D A S P P D A
T A M O R A B Y V P B X B
L E J A B H D R D O I W E
L A L F Y G R L E E R C D
U S J E H M E R O W R S Y
N I A I Y I G O S I E R M
N S V W Q L A L N W O R B
T J K N E D L O G E T K Y
```

WAKE UP

◊ AWAKEN   ◊ OVERSLEPT

◊ BREAKFAST   ◊ SCRATCH

◊ CEREAL   ◊ SHOWER

◊ COFFEE   ◊ SNOOZE

◊ DRESSING   ◊ STRETCH

◊ EXERCISES   ◊ TEACUP

◊ GET UP   ◊ TOOTHBRUSH

◊ MUESLI   ◊ WASHING

◊ OFF TO WORK ◊ YAWNING

```
R A L E J I U M I H P S P
W E F O L R V N C N U U I
Q R W S F E V T C E C T E
D B E O D F A T E K A D X
B U D V H R T V U A E E E
M Y R C C S B O R W T S R
L E E S G N I N W A Y F C
A H S U R B H T O O T E I
E J S T R E T C H E R W S
R M I P L H O Y Z E L K E
E E N S U F E O F R W P S
C D G H F E O I C J L U G
S A Z E G N I H S A W T P
O V E R S L E P T A L E U
T S A F K A E R B B B D G G
```

BILLS

```
N B L Y N J P E R O F Y S
A E B C B R Y S O N B R R
M L R N F D S R R X P D J
Y I A H O G A N I I N T Z
W C D C K A F B T I K W T
V H L K I T J K G U B O M
W I E L F E C H I V E C N
R C Y V A S Y N A N L A O
N K I I I V E Y O A L M T
R Y C O M B G S U Z A M N
B E J P R E N N S H M O I
Y N D E H I M W E U Y E L
O F W A B Y A R R U M V C
M B Y O H V W Z J N Y E R
E C R D E E O R N O M H Y
```

◊ BELICHICK   ◊ HADER

◊ BELLAMY   ◊ MAHER

◊ BIXBY   ◊ MONROE

◊ BRADLEY   ◊ MURRAY

◊ BRYSON   ◊ NIGHY

◊ CLINTON   ◊ NYE

◊ CODY   ◊ ROBINSON

◊ ENGVALL   ◊ WERBENIUK

◊ GATES   ◊ WYMAN

THINGS YOU CAN PEEL

```
L E R O U Z Y S M A W Z L
L E P N S R E F S N A R T
W L V A L O V N N D X A J
N T E E R S Y O R A N G E
O S T H T G E O O A A K S
I K O T S S A T S U M A B
N I R E F G A O T A M O T
O N R S E T G A Z I Q S K
L N A R O M C E M L H A B
E A C P E R O K L R R D L
N L C J I R U V I E Z S I
V W P E G Y R M F A P F Y
G A L P D E P L F N P A T
A N A N A B Z B D E M V T
E G O L D L E A F A Q S C
```

◊ APPLE   ◊ POTATO

◊ BANANA   ◊ SATSUMA

◊ CARROT   ◊ SHRIMP

◊ DECAL   ◊ SKIN

◊ EGGSHELL   ◊ TAPE

◊ GOLD LEAF   ◊ TOMATO

◊ GRAPE   ◊ TRANSFERS

◊ ONION   ◊ WAX

◊ ORANGE   ◊ YAM

81 WRONG

- AWRY
- BAD
- CONTRARY
- ERRONEOUS
- EVIL
- FAKE
- FORGED
- INCORRECT
- INEXACT
- INOPPORTUNE
- MISTAKEN
- MOCK
- PHONY
- SHAM
- UNFIT
- UNJUST
- UNSEASON-ABLE
- UNTRUE

```
N P U P L X R L S S O I L
F E P N E T T C A X E N I
R X K X J F I M O C K O U
Y S L A J U A F L K S P N
U F F I T N S K N S T P B
Y O Z T V S P T E U M O H
R R R C M E I H T O R R I
Z G A E Z A P M O E D T T
S E Y R O S B T L N A U J
D D U R T O V E B O Y N L
N P D O W N Z F U R S E I
D A B C A A O G R R V O D
R B R N Z B T C A E T R L
H F B I N L M A H S G N Y
K D B N I E Q H B T M P U
```

82 THINGS THAT FLOW

- BACKWASH
- BEER
- BLOOD
- EDDY
- GASOLINE
- JUICE
- LAVA
- MILK
- PERFUME
- PETROL
- RIVER
- SALIVA
- TIDES
- TRAFFIC
- VEGETABLE OIL
- WATER
- WAVES
- WINE

```
M L H Y G G E A G Y T Z M
P I D Q Y G M C X S Q D M
X D L U A B P Z I R W I U
E T G K P P S V C U N H P
B A C K W A S H V L J E L
N D O O L B E T U E F N U
G Z A I W B V S G G P T E
A K V I A F A N H E O M X
S A N P T S W F T P U D A
O E B E E R T R A F F I C
L W C Z R O O S R C E S A
I W Y T V L J E Q E E Y V
N B L P S F P E U D V D A
E W U L U H J O I Q U I L
L I O E L B A T E G E V R
```

SNAKES

```
L R Y O N L O P V S D C Q
Z O O N J I S I U W I V A
O T N A I T H E D J U C S
K C S P A N I I L W O T Y
E I D I D A U A O B T M U
E R T A D C N S R K E K E
L T R T E E U A A K I I S
B S I S R R W T R N B F W
A N Z G U E R I G O K S A
C O W T U Y E B N A N R T
K C U R N D R S N D A O Z
A A S J L O W L N R E C S
N O Z A W K W O A A X R F
E B U N H Z D Y N S K T Y
R E C A R K M A M B A E Y
```

◊ ADDER

◊ BOA CONSTRICTOR

◊ CANTIL

◊ COBRA

◊ DUGITE

◊ KEELBACK

◊ KING BROWN

◊ KRAIT

◊ LORA

◊ MAMBA

◊ RACER

◊ SIDEWINDER

◊ SONORAN

◊ TAIPAN

◊ TREE SNAKE

◊ URUTU

◊ WUTU

◊ YARARA

VARIETIES OF APPLE

```
T E V J A A E F L W W U L
O B G N L C O O D M L Z N
P F U J I R R O Z A L L Y
A P H C T N G U W L O X D
Z T M U T S U L N I R V F
K P N H R T E T Y N R E I
W E J T C E D C N D A N A
I I A N A T N A S A C T K
D E N V A N B E A C O N H
S O T S T Y I N M R R E T
A X N D T L N R K K T Z A
H W O Q T O O O B Z L K E
E I W C G L N E S B A A N
D C W N A T N U S N N T V
P E F N W F Q C E D D Y Y
```

◊ AKANE

◊ ALKMENE

◊ ANNURCA

◊ BEACON

◊ BRINA

◊ CARROLL

◊ CORTLAND

◊ COX'S

◊ ENVY

◊ FORTUNE

◊ FUJI

◊ MALINDA

◊ MUTSU

◊ SANTANA

◊ SONYA

◊ SUNTAN

◊ TOPAZ

◊ WINSTON

85   RHYMING WORDS

◊ BACKTRACK   ◊ LOGO

◊ BEDSTEAD   ◊ OBOE

◊ BOOHOO   ◊ PICNIC

◊ FIJI   ◊ SOLO

◊ FREEBIE   ◊ TEPEE

◊ HEYDAY   ◊ TO-DO

◊ HI-FI   ◊ TORPOR

◊ HOCUS-POCUS   ◊ VOODOO

◊ KIWI   ◊ ZULU

```
O U T S S O E V T E P E E
G A F I U B W I X R O D A
O J F T S C S I O D N D O
L I B R S E O M L Y K O J
H O T E R F O P O I D A J
U E O R D X A B S O W L S
K I T H R A S T O U S I U
C B H T O R E V A N C L K
A E E A N O R T R O U O X
R E Y T S L B K S Z D P H
T R D R C A I O K D I J M
K F A K N D N N T C E R C
C B Y F S E L O N M L B U
A T F I J I D I T X E C S
B P T I E O C R O P R O T
```

86   CHESS

◊ ATTACK   ◊ GRANDMASTER

◊ BLACK   ◊ KING

◊ BOARD   ◊ KRAMNIK

◊ BOX UP   ◊ MOVES

◊ CAPTURE   ◊ OUTPOST

◊ DOMINATION   ◊ QUEEN

◊ EN PASSANT   ◊ ROOK

◊ GAMBIT   ◊ STAUNTON

◊ GIUOCO PIANO   ◊ TOURNAMENT

```
M N S I O A M O V E S G P
L O Z M E Y N T N K R F U
N I N G G B V E A A L E X
O T J A K R A M N I K R O
T A B M I M N D Z K Y U B
N N O B Z P M F C X T T J
U I A I L A O K B O L P Z
A M R T S A I C U X J A S
T O D T T N C R O P G C I
S D E J G A N K M U S K S
W R F Q N A C V V O I P Q
L D D U M M O K Z R Y G O
Z W Q E R D P I R H O J S
M I N E H T S O P T U O S
O T E N P A S S A N T D K
```

TIGHT SPOT

```
D P U Y I R F W C O B Y U
E Y G Q P I O S D N E L A
C J N I S A H Q E R O P E
A F H T R Y I Y K Y A S N
L S E N I B N G A B B T J
F D F E I I L R E E A Y J
O P J G F K E S Y F M C R
Y H E A D T S E Y Q X U K
B N D S A J T C B J X D R
S N E W N P T U B L E X E
M U R D A S A R B X H Z H
K N G N I T T I F M K L T
N W K L Y G S T A S P J A
I B A T U R N Y A T C B E
T U Y D C X F C A H X C W
```

◊ AIR　　　　　◊ LACED

◊ AS A DRUM　　◊ ROPE

◊ BACK　　　　◊ SECURITY

◊ CASK　　　　◊ SHIP

◊ ENDS　　　　◊ SKIN

◊ FISTED　　　◊ TURN

◊ FITTING　　　◊ WAD

◊ HEAD　　　　◊ WATER

◊ KNIT　　　　◊ WEATHER

HELP

```
B Y O G C G N S I D L G G
E E J K U X S F F U Y D O
T S M I L E O N N D V S N
A R D M M R P B I U H X A
R E N B T P P S L B R X A
O F B I A D B H E I D S T
B M F K I U N F Y H G E E
A Y M C S H R U H H B E P
L F M A J I Y U F A Y V I
L O E B E N E F I T O A F
O S L N Y B B S O H T L W
C T D D O A L O P C U E A
U E A C C O M M O D A T E
R R R S Q S D H R S F F G
E T C J I T Q V E U T L U
```

◊ ABET　　　　　◊ EASE

◊ ACCOMMO-　　 ◊ FORTIFY
　 DATE

　　　　　　　　◊ FOSTER
◊ BACK

　　　　　　　　◊ FUND
◊ BEFRIEND

　　　　　　　　◊ GUIDE
◊ BENEFIT

　　　　　　　　◊ NURSE
◊ BOOST

　　　　　　　　◊ OBLIGE
◊ COLLABORATE

　　　　　　　　◊ SMILE ON
◊ CRADLE

　　　　　　　　◊ SUBSIDY
◊ CURE

◊ COMMUNE   ◊ PAISLEY

◊ GROOVY   ◊ PATCHOULI

◊ HAND-KNITTED   ◊ PEACE

◊ INCENSE   ◊ POSTERS

◊ KAFTAN   ◊ PRAYER

◊ KARMA   ◊ PROTEST

◊ LOVE-IN   ◊ RELAXED

◊ MELLOW   ◊ TIE-DYE

◊ OP ART   ◊ WOODSTOCK

```
S G X R E Z Y P R A Y E R
R Z J H D V Z A P L A Z O
E R K C O T S D O O W E P
T O J O T D R V G P S E P
S T R B D G E J B N A D R
O G E N F I E G E C H R O
P E Y O N D K C E E G C T
R S D Q O M N D I P Y R E
E D E T T I N K D N A H S
L S I N H J A A T W E T T
A U T L U F W R C T L C L
X O O N T M Y M E L L O W
E N B A M Q M A L H A U Y
D S N I I L U O H C T A P
P A I S L E Y E C A S P T
```

◊ BOUCLE   ◊ ORGANZA

◊ CALICO   ◊ POPLIN

◊ CASHMERE   ◊ RAYON

◊ FELT   ◊ SATIN

◊ LACE   ◊ SEERSUCKER

◊ LAWN   ◊ SILK

◊ LINEN   ◊ TWEED

◊ NEEDLECORD   ◊ VELVET

◊ NYLON   ◊ WOOL

```
T M K M Z O V Q T R B I Z
E L T A O E W R Z L W M C
E A W D L W A H N J E Z B
F W E V W Y R K D I C F J
L N E Q O K T B E A T S I
A T D N O Q F V L P J A N
E G K L L N Y I O S J E S
E C X R E K C U S R E E S
O M A M G O O V Q D T H E
R N Y L O N D I L F G K L
G K Y X E E R E M H S A C
A S C N F Q C J P X N E U
N M I L E O S S D J W G O
Z L B L R P P A R L O N B
A B K D K E N I L P O P O
```

BUYING A HOME

```
D L E D L U Q O V A M X K
E F X T E E I S R O O L F
H I C C O T L D S R D A N
C U H K N U A G B F O T O
A C A N I S R V O T W L I
T O N A B E D R O O M S T
E N G B T D S U L N V W A
D T E W A A E A A O E X C
I R A M L A G E N T N R O
U A E E T N N D D L D A L
J C N T U R A E L S O E O
I T C B H R A O D O R D U
E L A V O R P P A R S X J
S R H L A L G S A N A E S
M F I S M P Z H Y I A G R
```

◊ AGENT   ◊ EXCHANGE

◊ APARTMENT   ◊ FLOORS

◊ APPROVAL   ◊ FOR SALE

◊ BANK   ◊ GARDEN

◊ BEDROOMS   ◊ LOCATION

◊ BUNGALOW   ◊ RENOVATED

◊ CONTRACT   ◊ SOLD

◊ DEEDS   ◊ TOUR

◊ DETACHED   ◊ VENDOR

ARREST

```
P Y V S Y T K C E Z I E S
S J T A S I M P E D E T X
F E T X C B L J N F N J Z
M S F K Y I O A H J G J W
Q J H G K H B K T O A F E
F B F C C N S W S Q G V Z
J I O T P I T Q K K E O M
X L A O Q G R K S A T Q Y
B C T H L H U D O T H Q Y
Y S A W R Y C J W I O L D
M L E J E E T K N B L F O
T X B K N Q Y D Y A D B T
U W A A T N E P T X M X S
S T H N J R C S D J R Q U
C H Z N I B B B T P X I C
```

◊ BLOCK   ◊ INHIBIT

◊ CATCH   ◊ NAB

◊ CUSTODY   ◊ OBSTRUCT

◊ ENGAGE   ◊ SEIZE

◊ FIX   ◊ STALL

◊ HALT   ◊ STAY

◊ HINDER   ◊ STEM

◊ HOLD   ◊ STOP

◊ IMPEDE   ◊ TAKE

BUILDINGS

- ABBEY
- CABIN
- CASINO
- CHURCH
- DAIRY
- DEPOT
- GARAGE
- GRANGE
- IGLOO
- KIOSK
- MOSQUE
- MOTEL
- PALACE
- SHACK
- SOLARIUM
- TEMPLE
- UNIVERSITY
- VILLA

```
C X H M U I R A L O S T K
G M C S T Y O K V N H Z O
O D R C J E Y D Y V E M E
O E U X N B X R R I T O P
O P H F V B I D C L O T D
Y O C F C A B I N L P E N
G T R Z D L F E G A S L P
Q M I Q I E G I L T M G O
S E T S K A V A W U C R B
M U M I R S C O D A T A U
P Q A A S E O T S R E N S
D S G L O I V I O D M G H
K O A N B I N I K H P E A
T M C X I O S T N G L U C
T I P R E X V N W U E U K
```

THE BEST

- A-ONE
- CAPITAL
- CHOICE
- ELITE
- EXEMPLARY
- FINEST
- IDEAL
- JEWEL
- PERFECT
- PICK OF THE BUNCH
- PLUM
- PRIDE
- PRIME
- PRIZE
- SELECT
- SUPERIOR
- TIPTOP
- TOP-NOTCH

```
G Y A S H C T O N P O T F
L G R O E R R E N I C Q Q
E A O A N L P K U C H E E
J W C J L E E E T K O I T
D S W I I P F C R O I Q J
A L E D E I M T T F C T S
E U A T N R O E A T E U L
K L T E I T S K X H P C A
G Z S I D L G Z L E E E T
N T I S P I E E R B M Z I
T P N U X T W I U U I I P
A R P N N E O F T N R R A
V I T L J R E P T C P P C
C D B X U D A E E H A L T
U E N S J M U R T X N T I
```

```
V Y T J T N E M E H E V D
N S V E R V E V S A C I T
I E C O W R V I C M V R B
V E I A U N U B S E I T V
H T E T E Q A R N C L U E
I A L Q N U E M N I L O N
E U G A V T V E D N A U E
V S V W O V D R E E I S X
R O U V O O A R R V N N I
R V W N V N A E E S U E V
V S F E E B D V G U A S P
S R S B L V E H R A G S V
E B R E V B I G L B S O O
T E E S U O I R O T C I V
V V K V E N E Z U E L A V
```

◊ VAGUE

◊ VANQUISH

◊ VEHEMENT

◊ VENEZUELA

◊ VENICE

◊ VENUS

◊ VERBENA

◊ VERVE

◊ VICTORIOUS

◊ VILLAIN

◊ VIRTUOUS-
  NESS

◊ VISAGE

◊ VIXEN

◊ VOGUE

◊ VOTERS

◊ VOWEL

◊ VULNERABLE

◊ VULTURE

---

96 **THINGS WITH STRINGS**

```
S M V P W O I L P P W W T
E B A L L O O N U C H L V
J R S L Q C I R Y L E L O
F T E N N I S R A C K F T
I C N H U E Q L R W P B M
D W I B B O P A O U K A P
D Z L N N Y P B P I E L G
L G O A L O Y P T R U I I
E K I T I R E Y D M O Q F
C P V N E T A W B K J N T
V E A H J A L B S F E O T
P B C K C R O O A N Z K A
Y R Y J K B Y T J N I C G
A B A U U O E L G T J H G
U J A H Y T Q E E A C O W
```

◊ APRON

◊ ARCHERY BOW

◊ BALLOON

◊ BANJO

◊ CELLO

◊ FIDDLE

◊ GIFT TAG

◊ HARP

◊ KITE

◊ LABEL

◊ PARCEL

◊ PIANO

◊ PLUMB BOB

◊ PUPPET

◊ PURSE

◊ TENNIS
  RACKET

◊ VIOLIN

◊ YO-YO

COUNTRIES OF EUROPE

◊ AUSTRIA   ◊ NORWAY

◊ CROATIA   ◊ POLAND

◊ ESTONIA   ◊ RUSSIA

◊ GREECE   ◊ SCOTLAND

◊ ITALY   ◊ SERBIA

◊ MALTA   ◊ SPAIN

◊ MOLDOVA   ◊ SWEDEN

◊ MONACO   ◊ SWITZERLAND

◊ NETHERLANDS   ◊ WALES

```
K K A K X B K S D K O G G
A I B R E S B D N P A N S
I S P N P O K D A T Z E D
P S L O S C O T L A N D N
K D V L U A D A O E S E A
E J N Q W N M A P C Z W L
S E L A W O Y N Y R N S R
T T J A L M O L D O V A E
O A U S T R I A A A R Z H
N L E R W R E D E T N R T
I E Z A U S H Z N I I R E
A R Y Q E S P L T A D L N
E C E E R G S A J I I F I
I Z Z N P Q I I I L W R O
A L K W D M Y E A N L S Q
```

DOUBLE F

◊ AFFAIR   ◊ EFFLUX

◊ AFFECTED   ◊ EFFORT

◊ AFFILIATE   ◊ GUFFAW

◊ AFFIX   ◊ OFFICER

◊ BAFFLE   ◊ RAFFIA

◊ CHIFFON   ◊ SCOFF

◊ CLIFF   ◊ TIFFIN

◊ DUFF   ◊ WAFFLE

◊ EFFACE   ◊ WHIFF

```
D X A F F O P S X F F W T
E D U N I F F I T F I A S
L E X L Y Z F V R K F I O
M T N O F F I H C F F F Y
E C G D A F K E A F I F R
E E F U G Z E I A F L A T
X F A F F S R F E R F R F
S F F U I F D T F B R F S
R A F A D H A V T O U T K
Q E B M C I W W N D R O F
F F C A L E S A N F L T F
F A Y I F O V N F S O F F
L R F D F F L I J F L T I
F F O C S F L S E F L D V
A J F A H C O E T F S E G
```

```
N O S I R P B Y U Z W K U
E C Z C R K I I N S O A P
L E R G U F C L O O F D S
S I F I L S I O R E Z D H
N A Q N M I T C L H T G M
H I E R N I N O I B R Z W
H E C S E G N T D P I T G
F E I H T P M A E Y A N E
Z D R W T A A N L R L Q F
E D E D N I A C X K R C D
P N M S L L A W S R F E N
S R A R I O A P P E A L D
N L N X I S K S L L B L L
U X D O V L S C T A S S E
D R O N R E V O G N Z B S
```

◊ APPEAL   ◊ HITMAN

◊ BLOCK   ◊ INSIDE

◊ CELLS   ◊ INTERRED

◊ CRIMINAL   ◊ PENAL

◊ CROOK   ◊ PRISON

◊ CUSTODY   ◊ REMAND

◊ ESCAPE   ◊ THIEF

◊ FELON   ◊ TRIAL

◊ GOVERNOR   ◊ WALLS

```
I Q T U S N R U B E D I S
J I E N Z Q V J K H P Q K
D V L D X Q M J C M V S C
A J I I V V Z R D F T T O
E X U A O D O E E E D T L
H X M R L P P J L P S R D
N D T B Q M H G K O N M A
I B O E I F N F B Z L D E
K B O R N I S B S O S E R
S O C U R S Y W E G H L D
D R T F F L I O E Q N R T
Z F Q U I F F O S G N U B
C A L W Z A A H N U I C S
L A Y E R E D N C S C K O
S Z P U R L I A T G I P B
```

◊ AFRO   ◊ EXTENSIONS

◊ BOB   ◊ LAYERED

◊ BOUFFANT   ◊ MULLET

◊ BRAID   ◊ PERM

◊ BUN   ◊ PIGTAIL

◊ CRIMPED   ◊ QUIFF

◊ CROP   ◊ RINGLETS

◊ CURLED   ◊ SIDEBURNS

◊ DREADLOCKS   ◊ SKINHEAD

101 FLOWERY GIRLS' NAMES

- ◊ AMARYLLIS
- ◊ MYRTLE
- ◊ DAISY
- ◊ PANSY
- ◊ FERN
- ◊ PETUNIA
- ◊ FLORA
- ◊ POPPY
- ◊ HOLLY
- ◊ ROSE
- ◊ IVY
- ◊ SAGE
- ◊ LILY
- ◊ VERONICA
- ◊ MARGUERITE
- ◊ VIOLA
- ◊ MAY
- ◊ VIOLET

```
E M L R M M A Z A K A Z D
A M A R Y L L I S F E R A
O V E R O N I C A E E H T
V R W I G V I O L E T R R
F I V A S U E E U B K J N
K V V I F A E B Y T D M L
Y A C N Y D G R D L Y U G
X V P U K A E E I R L O W
U E I T S Z M L T T M O S
D S P E O Y W L I X E Y H
A A A P P X E Y I L I S E
G R H P X X S Y L E Y S F
A F O I W N D Q K Y O T D
N P S L A F M T E R X C K
D Y F P F L D A I S Y E W
```

102 TOP WORDS

- ◊ CAT
- ◊ OF THE RANGE
- ◊ COAT
- ◊ QUALITY
- ◊ GALLANT
- ◊ SELLING
- ◊ GRADE
- ◊ SHELF
- ◊ HAT
- ◊ SIDE
- ◊ HEAVY
- ◊ SOIL
- ◊ LESS
- ◊ STAR
- ◊ MOST
- ◊ STONE
- ◊ NOTCH
- ◊ THE BILL

```
C D B G C H U G N L P Y S
O W A Q X L X N B V X T F
Z F J D N E I I H P U I L
A Y T L T N A L L A G L E
D V Y H N B L L O I L A H
H P X Y E Z G E O L I U S
B C B F V R S S I S V Q G
T G T T E A A B H G I G Q
Z X A O V L E N N T Y D I
S C Z M N H O H G E M N E
A F O E T X H L V E B Z N
S S S E L J I U N T X C O
T M D O A O G X W O E O T
A N T F S G R A D E E A S
R N S S A S K K I S H T N
```

BATTLES

```
D K H O U I E D N I N S A
N A S E B Y T M C J A A L
R A Y K V C H M M R D Q S
S Q Q G E E A K I O E O M
T I A R T N N G U D S T O
A Z C F N J D I L R Y M E
A Y P U C M U E N D B S L
I Y R N E G N I L D R O N
K O A J N M O F T O L F T
C N B T T C B H X A M S S
E F E B R O O Y X E I I C
B N L I E L Y P A A Q E T
E W I P I E N R A M D E U
U M N H T F E Q D I E L N
Q O S O F E A G O I Z N A
```

- ◇ ANZIO
- ◇ BOYNE
- ◇ CORUNNA
- ◇ CRETE
- ◇ EBRO
- ◇ ETHANDUN
- ◇ GAZA
- ◇ MARNE
- ◇ NASEBY
- ◇ NILE
- ◇ NINEVEH
- ◇ NORDLINGEN
- ◇ QUEBEC
- ◇ SEDAN
- ◇ SHILOH
- ◇ SOMME
- ◇ TOBRUK
- ◇ YAMEN

D WORDS

```
D E X E L S Q R O T C O D
D R C D R R D S D N Q E D
U E G U D L D E I M S L X
D I B A X F T H E E I I T
E A D O A E P Q N D I D D
I D I T R L M A D Y D O R
Y J H R O A C I L R I F E
R A E D Y E H P A U E F D
Y N T A D D A P W T N A T
T D I O R O D R O N E D D
W O D D K E L H V I H O E
P M D O U A B R A D W T D
N A D U E E D B S D L T J
E I C S O L E V I R D E M
D N B D I L I D D D F D D
```

- ◇ DADDY
- ◇ DAFFODIL
- ◇ DAIRY
- ◇ DAKOTA
- ◇ DEATH
- ◇ DEBORAH
- ◇ DEEDS
- ◇ DETERRENT
- ◇ DIBBER
- ◇ DISAVOWAL
- ◇ DOCTOR
- ◇ DODECANESE
- ◇ DOLPHIN
- ◇ DOMAIN
- ◇ DOTTED
- ◇ DREAD
- ◇ DRIVEL
- ◇ DRONE

105 ASTEROIDS AND SATELLITES

- ◊ AMALTHEA
- ◊ HYPERION
- ◊ ASTRAEA
- ◊ IAPETUS
- ◊ CALYPSO
- ◊ JANUS
- ◊ ENCELADUS
- ◊ MIMAS
- ◊ EROS
- ◊ MIRANDA
- ◊ EUROPA
- ◊ OBERON
- ◊ GALATEA
- ◊ RHEA
- ◊ HELENE
- ◊ SAPPHO
- ◊ HYDRA
- ◊ TITANIA

```
A R D Y H A E H T L A M A
H A Y I Y V I J G C S E F
A E T A L A G C M U S N L
C H I I P P X I D V B E A
S R A E T X M A F O A L G
C F T O T A L Z A M E E S
A U R O S E N J X V Q H U
S D I Z C K C I A P F Z A
X P N N M P S A A N C U H
C G E A S N N T L K U N W
X P P U R E T O E Y W S B
H Y P E R I O N R R P B E
I N Y S H O M Z F E X S R
U D Q J F E P Y O A B U O
B A E A R T S A P P H O S
```

106 CAR MANUFACTURERS

- ◊ DAEWOO
- ◊ RILEY
- ◊ DAIMLER
- ◊ ROVER
- ◊ FORD
- ◊ SAAB
- ◊ GENERAL MOTORS
- ◊ SINGER
- ◊ SKODA
- ◊ HOLDEN
- ◊ SMART
- ◊ HONDA
- ◊ SUBARU
- ◊ ISUZU
- ◊ VOLKSWAGEN
- ◊ LOTUS
- ◊ VOLVO
- ◊ NISSAN

```
B D B S U D Y Z S O L Y E
R E V O R R I N V N E O G
C U S O V E A D E D T E U
N J F M I G L B A D N J Q
I X Y C C N B R U E L E H
S Z X P I I F U R S W O T
S V O L K S W A G E N O H
A K O W I L L Z U D H O O
N S K S R M B A A T V B C
C W U S O R A W L R O S S
O Z T T P P A D I A L J Q
U K O G O I S L F M V B S
A R O N N L E Q T S O E K
S I J A V Y D A I M L E R
Y Y H V V Y B X S K O D A
```

```
Z O T S J Z P Q U A R T Z
H C I Z T I A N I B R Z V
M A B U Z Z S P I T Z T R
S C E Z W Z E Y O G S S V
Z C A U Z R Z Z M T H O K
N Z E I C Y T M A Z I Y S
Z S E Z B N Z B W J R U O
E X E U I V L I Z F A Z E
C Y L L S I E A S Y Z Z Y
Z S B J T Z R R N F U Z Z
E K Q D W H S R A E D F L
R H U H Z U A I L C S U N
E S I U E L T T A T R D E
W Z Z R B H Z Z A Z W U G
Z S D G I G A H E R T Z Z
```

◊ ABUZZ   ◊ QUARTZ

◊ BIARRITZ   ◊ QUIZ

◊ BLINTZ   ◊ SHIRAZ

◊ ERSATZ   ◊ SOYUZ

◊ FUZZ   ◊ SPITZ

◊ GIGAHERTZ   ◊ SUEZ

◊ JAZZ   ◊ TOPAZ

◊ OYEZ   ◊ VERACRUZ

◊ PIZZAZZ   ◊ WHIZZ

```
S A X O L I Y T M D S O B
O Z F T M N O H B A C O N
P O T A G E W E S I U T E
R Y F M I O A V F I G N O
N A I O N L G G L I F N I
U P T T E I R L E R Q H E
G M O U L S A U H V S H Y
U N Z I B B A T S A P E S
A A D F A O T D D O K S H
C G L I T N E L J R F F A
L L S Q E I E N U Y K O R
C S N F G O X T A I L O K
E R E W E N E S B V P I F
W E A E V E A J I A C O I
B K I B S A X V H F L S N
```

◊ AJIACO   ◊ ONION

◊ BACON   ◊ OXTAIL

◊ BEEF   ◊ PASTA

◊ BOUILLABAISSE   ◊ POTAGE

◊ CAZUELA   ◊ SHARK FIN

◊ CRAB   ◊ TOMATO

◊ DASHI   ◊ TURKEY

◊ FISH   ◊ VEGETABLE

◊ LENTIL   ◊ WONTON

FAMOUS SAILORS

- BLIGH
- CABOT
- COOK
- DRAKE
- FARRAGUT
- FOX
- FROBISHER
- HOOD
- HUDSON
- JELLICOE
- KIDD
- MANRY
- MOITESSIER
- MORGAN
- NELSON
- PARRY
- STANDISH
- WATSON

```
N A N D F Q B W T T P A R
T A O D N A L L A O S S M
R O Z L R Y R Y I T B O A
H E O Z E N R R A G S A A
E P I K G N R N A N H O C
U O M S A S D C O G M S N
E L C M S I K S H O U F J
N Q R I S E D I R L R T D
O E T H L U T G D O Y B F
S Y H I H L A I B D H O K
L G K T P N E I O O X O C
E L G A K W S J D M O Y Z
N G R R D H T Z O C R I P
D R A K E R D Y Y E L L C
Y F A R F O L O L O T N S
```

F1 GRAND PRIX WINNERS

- ASCARI
- BRAMBILLA
- CLARK
- FISICHELLA
- GETHIN
- HILL
- HULME
- HUNT
- ICKX
- KUBICA
- MOSS
- MUSSO
- NANNINI
- NILSSON
- PIRONI
- REVSON
- RICCIARDO
- SENNA

```
T Y M Z V G N X T R G W L
N A N N I N I J D E L O P
U F I S I C H E L L A H N
H L S C M F T H L V Z Y C
O J H H K S E Q H I Q U J
H S Q B Q X G M B R S Q A
U M S L H I L L B A O N C
E B V U U J Y R K C A O I
M I O Q M L A Q S S V S B
L H T Z P M O S S A I S U
U E T Y B P L C E N E L K
H H O I H J L I O L I I U
M Z L O D A G R S E N N A
Z L O D R A I C C I R Z D
A C V K W P R E V S O N P
```

THINGS THAT CAN BE BROKEN

```
E W C R L I P E N V I I T
D S A O U M A B Z B S U S
G K A V M L K K I W G T X
S F E V Y M E L A P A G K
Q X B E B A A S Z L C E D
W J E C N E D N E P E D R
Y N O T O N O M D L M A O
O P O Y J Z A Q C M N A H
C Q O V E T E I S K E W C
I S O L E G C X S Y Q N P
O W Y N L I M B S N T X T
S J N A R Q Q R J S E Y E
W X S A N M X A U N W W I
H S P I R I T R O C K S S
A R R R D Q T H A B P R N
```

◊ ALIBI
◊ CAMP
◊ CHORD
◊ COM-MANDMENT
◊ DEPENDENCE
◊ GLASS
◊ ICICLE
◊ LIMBS
◊ MONOTONY
◊ NEWS
◊ RANKS
◊ ROCKS
◊ RULES
◊ SPIRIT
◊ STALEMATE
◊ TRUST
◊ VASE
◊ VOWS

ANCIENT EGYPT

```
D P S E U T A T S W E Z Q
B L T H S I L L E G E R D
W A O S E S B K Y R N L S
I E R G I O E P A T I D H
D L D A T R T N T E L I A
S D T D C O I B S A E S D
E K P Y L S P S T R C D O
S T R O Z N N R O R A Y O
E U G V Q X N G I S B N F
M Y Q N Z Z L B H E L A E
A S O L F Y E U Z A S S G
R A I I P R R X E P Z T I
O B S H R L R D S P N I Z
X I S X B A F L P P J E A
S W X S I U I S A J D S Q
```

◊ ASYUT
◊ DASHUR
◊ DYNASTIES
◊ EDFU
◊ EGYPTOLOGY
◊ EL-LISHT
◊ GIZA
◊ GOLD
◊ HIEROGLYPHS
◊ ISIS
◊ NILE
◊ OSIRIS
◊ PRIEST
◊ RAMESES
◊ SCARAB
◊ SCRIBE
◊ SHADOOF
◊ STATUES

GLOBAL WARMING

- ◊ ALBEDO
- ◊ METHANE
- ◊ ARCTIC
- ◊ OCEAN
- ◊ ATMOSPHERE
- ◊ OIL WELL
- ◊ BIOMASS
- ◊ OZONE
- ◊ CLOUDS
- ◊ SEA LEVEL
- ◊ COAL
- ◊ SUN
- ◊ COOLING
- ◊ THERMAL INERTIA
- ◊ FOREST
- ◊ TREES
- ◊ IPCC
- ◊ WATER

```
T L N B P D X C A A R R D
H R A S N I L N L E E U J
E L E A O O L C B N T E V
R I C E U C O L E O A D S
M O O D S O R E D Z W E A
A A S S L I O Z O O A T R
L N G I O F C O A L M N C
I B N M O X I B E O Y B T
N G R R E L Z V S S I V I
E W E T W T E P A O A S C
R S S E I L H K M X I B U
T P L N R E T A N E P D Z
I L N K R H S I N E C K S
A X I E P S O U L E C I U
V S E W U Z I I D N O Y N
```

MADE OF PAPER

- ◊ BAGS
- ◊ LANTERN
- ◊ BILL
- ◊ LEAFLET
- ◊ CHAIN
- ◊ MAP
- ◊ COLLAGE
- ◊ NOTEPAD
- ◊ DIARY
- ◊ PASSPORT
- ◊ DOILY
- ◊ PLANE
- ◊ EGG BOX
- ◊ PLATES
- ◊ GIFT TAG
- ◊ SACK
- ◊ LABEL
- ◊ WRAPPER

```
S E T A L P N B R G S N R
G P P L A R Y K C A S O J
Z G L R E G A R U W X T L
T I A T L O F K A N T E S
B C N N I A H C N I B P B
Z A E Q Y V C U H A D A V
L L Z N H E C E L X H D F
Y M Z R V J G A X P P C E
C L L F W A Q G A G G Y X
O B E A T F V S B O U L B
L Q A T P S S X Q O L I B
L T F Y E P D E V V X O B
A I L R O H P O T P J D A
G J E R C W R A P P E R G
E W T W R F F V M M R P S
```

```
M L N D X H D M F M A Q E
X D Y A X E E E I X T Z C
P L P R S A E F A G C H Q
I D V S Q N J M I N A F Z
X E E N O I T I S N A R T
L F L A C O F E G R K N A
H A Y M D H O E L E B G G
Q G N I K A E R B P L T N
D P I R E L H D S O M E I
T M T H E L J S A D E A H
T S W E X X D S A D O T S
B R L L T C N N L L P U I
D O E P R N K E S O F T N
W E A K A Y T S T G E A A
A S W O Y F K I D L T S V
```

◊ BREAKING   ◊ HIGH

◊ CHANGE   ◊ KNIFE

◊ DEAD   ◊ LOW

◊ DEW   ◊ NEEDLE

◊ EXTRA   ◊ SAMPLE

◊ FESSE   ◊ TRANSITION

◊ FLASH   ◊ VANISHING

◊ FOCAL   ◊ WEAK

◊ GOLD   ◊ YIELD

```
V Y A S T S T J V U R S E
T C D L Z R N Y O D G T F
A N H O R T Z A D I S R A
L A A A R E S C E S L A C
S N O E N D T E T L P S N
A Y S R E T O D R S R B R
C L T N S L I G I B Z O T
E E I R B D N L N T E U L
Q E N U I L B E L E B R T
S C O J H A D S U Y T G D
Q E O L H B E I I O B O U
E N H C Y N R A U S R J H
Q P A R I S I L S S X I U
Z T C C U N O A O C E D R
P X E N I N L C O A E B A
```

◊ ALSACE   ◊ LOIRE

◊ BREST   ◊ NANCY

◊ BRIE   ◊ NICE

◊ CAFE   ◊ ORLEANS

◊ CALAIS   ◊ PARIS

◊ CHABLIS   ◊ ROUEN

◊ CHANTILLY   ◊ SEINE

◊ DIJON   ◊ STRASBOURG

◊ DORDOGNE   ◊ TOULON

MOODS

- BORED
- CONCERNED
- DESPONDENT
- DOWN
- EUPHORIC
- EXCITED
- GLUM
- HAPPY
- JOYFUL
- LAZY
- MAWKISH
- QUIET
- SUBDUED
- SULKING
- TESTY
- TETCHY
- VIVACIOUS
- WARM

```
T P C J A S U Y G Z S T E
X Y I L X W Z S E R C I R
S T R C Y A V I G T K E S
U S O L L R T I N O X V L
N E H S F M I E I C I W W
N T P E Y B F N I V S C M
I L U F Y O J T A U O T A
N Z E E E T E C B N Q G W
E Y T J M D I D C N N T K
E P R I V O U E I I O G I
F P S L U E R O K Z B L S
E A E S D N O L P L O U H
Y H C T E T U N B X R M R
L F R D E S P O N D E N T
N W O D I Q D L J U D X Z
```

THREE WORDS

- BEARS
- CHEERS
- CORNERED
- DECKER
- DIMENSIONAL
- GRACES
- HANDED
- MASTED
- OF A KIND
- PENNY OPERA
- PHASE
- PRONGED
- QUARTERS
- SCORE
- STOOGES
- STRIKES
- TENORS
- WISE MEN

```
O L E R K U X F I L E M W
P A H E L D A D Q H S G V
E N R A M A S T E D A R L
N O E N N Z E R F L H P D
N I T V I D O T E X P N S
Y S F U T C E S I E I D A
O N B B S N T D Q K H E C
P E S C O O S U A S P C S
E M E R O T A F S R E K E
R I S G R R O L O A J E C
A D E I T O N N Y E B R A
O S K E S G G E R B G A R
A E R T E E X M R Y V L G
S S B P D E W I S E M E N
K Q T X A J A U N R D N Z
```

```
F W O H S E R O F N R O F
O G D T D E T F O R A Z O
R G I G N I D R O F X E R
A D B R D S R O F E D T E
F N R A E W S R O F U S K
S O O L L B K E S O K A I
S K F G N I W E R O F T L
E O H F O R A B B T O E K
L O X T O N Y S F D R R R
K S L Y E F G G E O T O O
R R A F I I O I R R R F F
O O M T O V T R E O O A S
F F R J S R V R K R R F Y
T O O F E R O F O E O O A
F R F O R T X P T F D F F
```

◊ FORAY   ◊ FORKED

◊ FORBID   ◊ FORKLESS

◊ FORDING   ◊ FORKLIKE

◊ FOREFOOT   ◊ FORMAL

◊ FOREIGN   ◊ FORSOOK

◊ FORESAIL   ◊ FORSWEAR

◊ FORESHOW   ◊ FORTIETH

◊ FORETASTE   ◊ FORTIFY

◊ FOREWING   ◊ FORTRESS

```
E U V R F M P W A Y J N N
T S L W I N J B K I E N H
U L T N W F Q N A K D G M
N O O L N D I W N N I B E
I R I I H D E U I H T A A
M V F S M K R R E V R A N
F L I S P H D E A S I N M
E L U C S U N I M P F B E
Q S N T L K K S A E L U V
Q I H J N B P L T K I O U
Q I Y R E L T T I L N O J
N O T N I R T L A I G Q F
R Z T O Y M I I X L V A T
S E E W E E P Q N R O W Q
E O P R G O O Y M Y F S R
```

◊ BANTAM   ◊ PALTRY

◊ DINKY   ◊ PARED

◊ ELFIN   ◊ PEEWEE

◊ KNEE-HIGH   ◊ PETTY

◊ LITTLE   ◊ SHRIMPY

◊ MEAN   ◊ SHRUNKEN

◊ MINOR   ◊ THIN

◊ MINUSCULE   ◊ TINY

◊ MINUTE   ◊ TRIFLING

121 SAVING MONEY

- COUPONS
- CYCLING
- DARNING
- DISCOUNTS
- DOWNSIZING
- DRESSMAKING
- KNITTING
- LIBRARY
- LODGERS
- MARKET
- MENDING
- OFFERS
- SALES
- SEWING
- STAYING IN
- SWAPS
- VOUCHERS
- WALKING

```
S R E H C U O V Y S G T F
I T D G Q Z R U W R N E W
M M A R N V I H H E I G S
M E Z Y E I H V S G L N T
D A T R I S Z O Q D C I N
A C R K E N S I R O Y K U
R O Y K E G G M S L C L O
N U P B E Q N I A N U A C
I P G N I T T I N K W W S
N O O N S V S N W W I O I
G N F L I W V E O E S N D
R S Y F T D A M N A S L G
T J D R E G N P L A Q E W
L I B R A R Y E S Q R C N
G G L I M X S P M H Z B F
```

122 WORDS CONTAINING RUM

- BODRUM
- BREADCRUMBS
- CENTRUM
- CRUMBLE
- FRUMPY
- GRUMPILY
- OIL DRUM
- PLECTRUM
- QUORUM
- RUMBA
- RUMEN
- RUMINATE
- RUMMAGE
- RUMMY
- RUMPUS
- SPECTRUM
- TANTRUM
- TRUMPET

```
M U R J X M U R T C E P S
H O P E C T R U M O Z E F
B Y P L E C T R U M R T X
E P M I N T R U M P E T B
T M U L T O M U R S R R R
A U R M R R I R Y U E U U
N R A F U Y V L U A M N M
I F O M M R I S D M R B T
M Y M N Q P D C E R P R A
U Y R D M U R O L N U U A
R N N U O U O D B S M M S
U E R A M M L R M M U M A
M G D B L E U T U R R A O
E D S C L T N R R M O G Z
I M U R T N A T C I O E O
```

TRUCKS AND VANS

```
G R A S C A L Z E T E A S
H B T T P O M A C K N I T
C Z E R D E P H E R E N E
L M E R L U T O N E D A R
Y H H E L R T U G N E C L
S Z D G O I G O N I F S I
J F P W U O N K L L E R N
E R N T H U N G N T E E G
N E L S I B N H O H A M B
K U S T A H I A D G V M E
N R Q A Y V A R H I N O E
F E F S E D R U V E W C S
Q M D C D Q D A M R D E S
E J O O R P R A L F L D A
C I A A F O J E C A P S E
```

◊ BERLINGO   ◊ LUTON

◊ CADDY   ◊ MACK

◊ COMMER   ◊ RASCAL

◊ DAIHATSU   ◊ RHINO

◊ ESPACE   ◊ SCANIA

◊ FODEN   ◊ SHERPA

◊ FREIGHTLINER ◊ SHOGUN

◊ IVECO   ◊ STERLING

◊ KENWORTH   ◊ VIVARO

CLASSICAL MUSIC TITLES

```
E Q F M W N O P Z S A K O
N K N E T I D Q V O R L N
A E L E R O B A T C E A E
V U H R M O L L E H T O M
A K T A Z R J B A F O W P
P R U L M N A E O N X N E
X D A W I L I C V H I Q R
B Z P M E O E L E N U K O
T P R T A A N T R M Q D R
U O Q C N T H M T Y N Y X
D M Q I X T U P U T O S O
G U D S L N G I R T D I A
D E E A O F V B E A U R K
S A P P H O R K X I X A R
K I X N N R O H T S O P E
```

◊ *AUTUMN*   ◊ *OCEANIDES*

◊ *BLANIK*   ◊ *OTHELLO*

◊ *CARMEN*   ◊ *OVERTURE*

◊ *DON QUIXOTE* ◊ *PARIS*

◊ *EMPEROR*   ◊ *PAVANE*

◊ *HAMLET*   ◊ *POSTHORN*

◊ *LINZ*   ◊ *SAPPHO*

◊ *MARS*   ◊ *TABOR*

◊ *NIMROD*   ◊ *TAMARA*

TITANIC

- APRIL
- BRIDGE
- ENGINES
- FLARES
- GALLEY
- LINER
- LUXURY
- MAYDAY
- NEW YORK
- OCEAN
- PUMPS
- QUARTER-MASTER
- SAILORS
- SHIP
- SMITH
- SOS CALL
- STEERAGE
- VOYAGE

```
F J G Z C Q S J C N Z T S
H H T I M S R E F I S A E
D T V F L G E J R F R Q G
Y Z C D I B T C S A O A A
X D X M R O S K T B L I Y
S N V I P E A R E L I F O
Y A D Y A M M O E R A Y V
N G L U X U R Y R R S F O
E A I S N I E W A D O U F
S O E C G S T E G S S Y J
C P C C L S R N E H C M O
I D M I O Q A Y I Y A Y N
K B N U J C U P M Q L Z F
C E S N P R Q B U S L O P
R L S E N I G N E B R V T
```

PEOPLE WHO SERVE

- ATTENDANT
- AU PAIR
- BABYSITTER
- CHAMBERMAID
- CHEF
- CLERK
- COOK
- DISHWASHER
- DRIVER
- ERRAND BOY
- GROOM
- NANNY
- OSTLER
- PAGE
- PORTER
- VALET
- WAITER
- WARDEN

```
A R F K V X P T I A L Y H
I D O E R A Z U C K R J R
C O C D U O W G N E V E U
C H G P L D C A H T T B Y
X L A V W H R S R R C K B
X I M M E D A I O D R Z A
R Z K F B W E P V E E Q B
L B N Y H E R R L E X N Y
O F B S L S R C K O R V S
X P I E H L A M N F B A I
N D A T T E N D A N T L T
O S T L E R D T B I E E T
A F F D B Q B J X G D T E
M O O R G E O W A I T E R
Z B N A N N Y P L M L U X
```

```
N Z Z D Q K E S D I G G F
E P N L Q T U X N I V W X
T O A A I T E I D A S C S
W S R V A N M O H G O D X
O T N T G E K I T N E B W
R I S P E F D S V E X O D
K N V T O A F E F K K D Q
I G U W P N R W B O L E U
N P U I G S I S W E D L I
G F V R A F E O B E Y I A
E S O T I N N R A H K C N
V U I O A T D K N I D I T
P O A J A H S U W I I O W
N N I G Q A C T D E S U D
I U S E B U T U O Y I S T
```

◊ CHAT

◊ CONVERSA-
TION

◊ DELICIOUS

◊ DIGG

◊ FANS

◊ FEEDS

◊ FRIENDS

◊ GROUP

◊ INVITE

◊ LINKS

◊ MEETUP

◊ NETWORKING

◊ ORKUT

◊ POSTING

◊ STATUS

◊ TAGS

◊ WIKI

◊ YOUTUBE

```
A E A D S U H C C A B D W
D A R E T E R Z P A E T Z
O J O N D O N I T O N D O
U A L O I I I H S S A N N
T M F L A G E E U M L O O
N R B L E R H N D U N M S
G P O R S M F T M O I O Q
P N A Y E L L J W C G H A
E X S A O L E A A A D E U
I G S W A C L R B N T C N
F I E L S D U A P E G C X
A R V I U S H L S L L E H
S D A A D I D A N A E L M
A O E R E X O E G S D G A
A L B L M H O S A L O M E
```

◊ ALONE

◊ BACCHUS

◊ BATHERS

◊ DANAE

◊ DONI TONDO

◊ ECCE HOMO

◊ FLORA

◊ GIN LANE

◊ ICARUS

◊ LA BELLA

◊ LEDA

◊ MEDUSA

◊ NIGHT WATCH

◊ RAILWAY

◊ SALOME

◊ SUNFLOWERS

◊ TOLEDO

◊ UMBRELLAS

129

- ◊ BITE
- ◊ CANINE
- ◊ CHAIR
- ◊ DECAY
- ◊ DENTURES
- ◊ DRILL
- ◊ ENAMEL
- ◊ EXTRACTION
- ◊ MOLARS
- ◊ MOUTH
- ◊ ORAL
- ◊ ORTHODON-TICS
- ◊ PLATE
- ◊ POLISH
- ◊ PULP
- ◊ TARTAR
- ◊ TEETH
- ◊ ULCER

```
Y L P M L Z D A E U B S D
O U L Y Z A D E C A Y C S
X I U M E O R H Q B I I E
D O P E O S R O Z H Z T N
M R D X E E I S O S C N O
O I C P U Y T J E I Z O I
L A A L P Y G A V L M D T
A H N L Q G F O L O C O C
R C I I O L I B V P E H A
S L N R A C G E I H Q T R
M I E D A R B V O T H R T
I O T M A T E O F E E O X
N N U T A C R C K E L W E
E A S T K N A A L T N V J
T A M E H D E N T U R E S
```

130

- ◊ BEAU
- ◊ CHOCOLATES
- ◊ CUPID
- ◊ DARLING
- ◊ EROS
- ◊ FLOWERS
- ◊ GIFTS
- ◊ GUESS
- ◊ HEARTS
- ◊ HUGS
- ◊ KISSES
- ◊ LOVERS
- ◊ PARAMOUR
- ◊ PASSION
- ◊ ROMEO
- ◊ SECRET
- ◊ SENDER
- ◊ WISHES

```
D V Z U Z J L N I Y V E I
U I A I D W O O Q C M U N
B E D I V I I K V S E D I
B C P A S I G N A E D I A
S U A S R E A V B S R K E
C E A E E L N S X S Q S L
R P T S W M I D E I A Y D
Y W A A O H I N E K P H T
R L I X L R T S G R A E J
I R I S F O E O I Y R A A
S S G U H Y C A E G A R Z
P S O I S E Y O I M M T E
Q T E R C E S F H L O S L
W C L U A D T L A C U R T
M T Y H G S Q I F D R A A
```

WORDS CONTAINING LIP

```
G L I P I A F I M J P I L
Z T S L H P H I L I P M P
T R S I R I E Q L I P D T
U O L P I L U C G B R U P
P P O Y L L R M L A L P I
I I L A J I T F O I K A L
L L L P C F P B P I P Y S
L E I S S N P S Y I V S R
I H P W N I L C T L D L E
L M O Z L O C I P I I I V
L I P C O A N L I P C P O
I R N X L J P I L H U K C
P U L I P R E A D E R B P
L I P O S U C T I O N N I
P H V L I P A M D L P I L
```

◊ CALIPH
◊ CIRCLIP
◊ CLIPBOARD
◊ COVER SLIP
◊ ECLIPSE
◊ FILLIP
◊ HELIPORT
◊ LILLIPUT
◊ LIPOSUCTION

◊ LIP-READER
◊ LIPSTICK
◊ LOLLIPOP
◊ NONSLIP
◊ OXLIP
◊ PAYSLIP
◊ PHILIP
◊ TULIPS
◊ UNCLIP

LADDERS

```
A C P N D I S O A A M K T
G V O L O I A B K I H X K
A O H M A I G Y O Y R U P
N C O T P T S N T C D X H
G T O E P A F N E T A T E
W S K W A I N O E S Y J S
A T K C A J L I R T L I T
Y E Y V G I O O O M X R R
S P W C B W Z E T N L E A
I C T R S G S F G O F D I
J B A T O L S P F O W E G
I R E L V X R T O B S L H
Y R E Q E P O R D I D I T
N P A E D H P K D B E T E
Q E I J E T R E F I Z S E
```

◊ COMPANION
◊ EXTENSION
◊ GANGWAY
◊ HOOK
◊ JACK
◊ JACOB'S
◊ LIBRARY
◊ LOFT
◊ PILOT

◊ PLATFORM
◊ ROOF
◊ ROPE
◊ SCALE
◊ SIDE
◊ STEP
◊ STERN
◊ STILE
◊ STRAIGHT

RODENTS

- AGOUTI
- BANK VOLE
- BEAVER
- BROWN RAT
- CAVY
- CHINCHILLA
- COYPU
- DEGU
- DORMOUSE
- GOPHER
- GROUNDHOG
- GUINEA PIG
- HAMSTER
- JERBOA
- LEMMING
- NUTRIA
- PACARANA
- SQUIRREL

```
M A S I D J E S A A F E R
J E D E E X D N M S I L T
B Y G R Y R A V Q A T O R
D U B T I R E U I G U V L
S O L Z A S I V U K O K E
A E R C O R X I A S G N M
G I A M R U N Z D E A A M
O P T E O E R W U H B B I
P C L B A U S F O P I E N
H Y R P M I S A I R Y I G
E E I S E A R E A V B O R
R G O H D N U O R G F S C
U N U T R I A Q Y C A V Y
U N A L L I H C N I H C J
F E R E N F R E T S M A H
```

MYSTERIOUS

- CRYPTIC
- DARK
- ENIGMATIC
- FURTIVE
- HIDDEN
- INEXPLICABLE
- LEGEND
- MYSTERY
- MYSTIC
- MYTH
- SHADY
- SINISTER
- STRANGE
- SURREPTI-
  TIOUS
- UNCLEAR
- UNUSUAL
- VEILED
- WEIRD

```
A I J E V S Y O N B L O S
L N Z S L D W S L R V I U
I L X C I T P Y R C I I O
R A E L C N U D A V N P I
E U V E X S I B A E A C T
G S W R T M A S X R I D I
N U E L I A Y P T T K T T
A N I L C V L S A E I V P
R U R O E I E M T S R K E
T N D I C G G V H E L E R
S V L A G I E A I M R L R
C E B S N Z D N D T Y Y U
D L R E E Y N I D R R T S
E N E P R L F D E Z R U H
C C I T S Y M A N I O K F
```

```
L L R P N B Z T V A F E W
D L L N F S R D R O Y R P
F E E G N H O J P U E P S
W W O I A T V E A T O M L
D M X E C G R L N Y A C T
M O N A M N Y E F D S A S
N R R Y O Z P X A I T S S
Y C S P E R N L J U R H I
D Q N I A L R E B M A H C
Y V D C M S E E Y M U N N
Y C A R T M R D S T S L A
R A G D E E O J A Q S B R
K S A N G K I N G M I Y F
L O T H P M A I S Y A R B
S H T I F F I R G Q O D Z
```

◊ ADAMS   ◊ GERE
◊ BYRD   ◊ GRIFFITHS
◊ CARPENTER   ◊ MADELEY
◊ CHAMBERLAIN   ◊ NIXON
◊ COURT   ◊ PRYOR
◊ CROMWELL   ◊ SIMMONS
◊ EDGAR   ◊ STRAUSS
◊ FEYNMAN   ◊ TRACY
◊ FRANCIS   ◊ UPJOHN

```
P K V E X S B Q D Y A M W
B E C L Z V F O L R O F O
F L A O H B H F C U Q B V
F I I M I F N J S G F I R
X L B N O E D E S O I T T
E A M E E T A G Z V P D N
T Y I R Y S H F E Y J O M
W S G W M Q T E M H F R J
M R U S O A W A Y I O W K
G A L L F L Y R R W N G G
U U T X H O F T L A E R
G Y E H Y B V U L B I S R
U N R V I X C L X Y Z N P
L I A N S W Q T J A L Z G
P Z D T X S A B V B Y B C
```

◊ CUTWORM   ◊ PEA MOTH
◊ GALLFLY   ◊ ROBIN
◊ GNAT   ◊ SLUG
◊ GREENFLY   ◊ SNAIL
◊ HEDGEHOG   ◊ STARLING
◊ LEAF MINER ◊ THRIP
◊ MAYFLY   ◊ WASP
◊ MOLE   ◊ WEEVIL
◊ MOUSE   ◊ WREN

SHADES OF BLUE

◊ AIR FORCE   ◊ FRENCH

◊ BABY   ◊ INDIGO

◊ CAROLINA   ◊ LIGHT

◊ CELESTE   ◊ PEACOCK

◊ CERULEAN   ◊ PERIWINKLE

◊ COLOMBIA   ◊ PURPLE

◊ CORNFLOWER   ◊ SAPPHIRE

◊ DARK   ◊ SKY

◊ DENIM   ◊ TRUE

```
J J Q S B J Y P T N G F N
P E R I W I N K L E I T A
C I M M N G H R R Y Y E U
A E C R K D F P V R I L M
R I L O T R I R A J O P D
O D R E R R A G E X Q R D
L N O F S N U D O N M U O
I I A Z O T F E Y I C P P
N Q G E I R E L N L P H E
A S E H L Q C E O S K Y A
S G D Q T U D E Z W Y D C
B W T X P Q R C W F E V O
A U L F S K E E E F Q R C
B A I B M O L O C F J S K
Y Y A L K S A P P H I R E
```

STIMULATING WORDS

◊ ANIMATE   ◊ PERK UP

◊ BRACE   ◊ PROMPT

◊ CAJOLE   ◊ RALLY

◊ CHEER   ◊ SHAKE

◊ ENCOURAGE   ◊ SPUR

◊ FILLIP   ◊ STIMULUS

◊ GOAD   ◊ URGE

◊ INCENTIVE   ◊ WHET

◊ KICK   ◊ WHISK

```
P A U J D Y W K W U D S Y
U R B J E T A M I N A U Y
K G R H O D U D B C C L B
R E U K B Y G O I H K U R
E N P U N R O K U E N M A
P C S R M V A U P E O I K
K O I D O E D C S R S T E
K U R W V M A Q E C H S P
N R Z O A J P P Q Y A P I
S A M X O K W T L H K A L
R G U L X H P L Z S E A L
L E E R I F A K T A X L I
L J B S G R K A O E P T F
J T K Z K E B J K Y H L W
E E V I T N E C N I E W R
```

LISTS

```
M P A A O S O T Z I R Q L
S T D U C T X E D N I G D
V A N N I T E L L U B P O
E B E E L H A W E B R T C
E U G M L A F G E D A S K
F L A E O X H V G R G T E
W A U Y R A I D I S M E T
W T C D J Z E F S H A V R
Y I X Y E N F I F U N N V
L O S L B H I M P S I O L
L N Z H U I C G O L F C R
A C P Q L L G S A T E I B
T E R Y R I A B H U S X I
A T O R C V S S N B T E M
N T K S T N E T N O C L D
```

◊ AGENDA   ◊ MENU

◊ BULLETIN   ◊ ROLL

◊ CONTENTS   ◊ ROTA

◊ DIARY   ◊ SCHEDULE

◊ DOCKET   ◊ TABLE

◊ INDEX   ◊ TABULATION

◊ LEDGER   ◊ TALLY

◊ LEXICON   ◊ TARIFF

◊ MANIFEST   ◊ WISH LIST

TCHAIKOVSKY

```
D E S I R E E A R T O T E
N U T C R A C K E R N A N
L T P N A L N N D T A R I
M H E M A N F R E D I D I
A E T T R R T R A V S N O
R T E M C J E O O Q S A I
C E R L O E L N N Y U X V
H M S S S Z M N M I R E M
E P B J T E A P C C N L A
S E U W C E H R H F C A Z
L S R K A O T O T D P F E
A T G Z N L L R S I S S P
V E Y Y X E T Y A V A Q P
E O I T R E Y N O U O N A
O T S A I T O W I T Q N A
```

◊ ALEXANDRA   ◊ NUTCRACKER

◊ ANTONINA   ◊ PIANO

◊ CHOLERA   ◊ QUARTETS

◊ DESIREE   ◊ RUSSIAN
  ARTOT

◊ HAMLET   ◊ ST
                    PETERSBURG

◊ MANFRED   ◊ SYMPHONY

◊ MARCHE   ◊ THE TEMPEST
  SLAVE

                  ◊ VIOLIN

◊ MAZEPPA

                  ◊ VON MECK

◊ MOZARTIANA

THINGS WITH WINGS

- ◊ ANGEL
- ◊ BAT
- ◊ BEETLE
- ◊ BUTTERFLY
- ◊ CRANE
- ◊ CUPID
- ◊ EAGLE
- ◊ EROS
- ◊ FAIRY
- ◊ GNAT
- ◊ HAWK
- ◊ MICROLIGHT
- ◊ OSTRICH
- ◊ PTERODACTYL
- ◊ SPHINX
- ◊ VAMPIRE
- ◊ VULTURE
- ◊ WASP

```
D Q E G N W Z X R X R E G
P Z G Y K T I S P H I N X
B S P W P L V E S F A A O
E U A T O T H A L T V R Q
E H T W E C N G Y T A C T
T V R T I R J L H M M L E
L B T R E X O G D Q P N R
E E T A Y R I D F E I D U
R S L T W L F A A O R C T
O Y G G O E I L L C E D L
D D U R A R N D Y Z T E U
B I C Z Y E Z G W K G Y V
V I P X X J X B X N W A L
M N H U H F A S A T I W K
S O R E C T T I H W C I G
```

STRONG SMELLS

- ◊ BAD EGGS
- ◊ BANANA
- ◊ BURNT HAIR
- ◊ CHLORINE
- ◊ CLOVES
- ◊ CURRY PASTE
- ◊ FREESIA
- ◊ GARDENIA
- ◊ INCENSE
- ◊ LILAC
- ◊ MANURE
- ◊ MUSK
- ◊ MYRRH
- ◊ NEROLI
- ◊ PERFUME
- ◊ SAGE
- ◊ SASSAFRAS
- ◊ VANILLA

```
S F C E W I M H I X I Q R
F R E K M J D A J V A E T
B E G A S U I O T L T Y U
B E V Q N N F O V S C I Y
A S Y J E A Y R A H P V R
D I P D V N N P E S Z E Z
E A R Z E A Y A A P S W B
G A C R V R L S B N E U H
G S O T R C S L E N R L R
S L E U T A E C I N M K R
I I C V F L N R T N S S Y
Q C W R O I O H U U A N M
Y R A E F L A S M N T V E
L S L V H I C O Q E A I F
X O R C R Z A Q S U T M L
```

```
J O D Q C R I M A A X A B
D R Y C L E A N I N G C R
A M E N I C C I R C U S A
D D W B U O Z E R E L E F
N N Z W N H U E E L Y D F
N E U E A R T C C E I D L
E S W O O U R I N N K N E
P A P S R A V R A A X Z E
Y G T N I G U O D L C L T
R A A L R O R O U P A O R
R X W L J E Y I T D O T A
M A G S L I B R A R Y T I
Y A U O Q E Q A R F B E N
O B D W I R R A N E R R N
P E P D L R C Y L C F Y A
```

◊ AIRLINE   ◊ GALLERY

◊ BUS JOURNEY   ◊ LIBRARY

◊ CINEMA   ◊ LOTTERY

◊ CIRCUS   ◊ ONE-WAY

◊ DANCE   ◊ PLANE

◊ DRY-CLEANING   ◊ RAFFLE

◊ EUROSTAR   ◊ RAILWAY

◊ FAIRGROUND   ◊ RETURN

◊ FERRY   ◊ TRAIN

```
B E W K S M A S B E R F B
M N Y T G C W A R D E N V
C F C I A N M O N V C N K
W E G P E K V B K L O C E
G J C L E I R L O I S T U
N L A S B L A E T U T T Y
I N I R C R I A E K R X R
D U E O U S V C W M I O A
E H F T N R G U A O C T D
E X A I E S D S L N H I E
R N A S W I E L L K I G M
B K N I A D A P A E C E O
E O C V I M Z I B Y Y R R
C V S U A Z Q W Y F R S D
F T G E L B A R E N L U V
```

◊ BREEDING   ◊ MONKEY

◊ CON-SERVATION   ◊ NATURAL

◊ OSTRICH

◊ DROMEDARY

◊ PELICAN

◊ ELAND

◊ TIGERS

◊ GUIDES

◊ VISITORS

◊ HERBIVORE

◊ VULNERABLE

◊ LIONS

◊ WALLABY

◊ LLAMA

◊ WARDEN

◊ MEERKAT

145 LOOK

- CONSIDER
- CONTEMPLATE
- ESPY
- EXAMINE
- EYE UP
- GAZE
- GLANCE
- GLIMPSE
- GOGGLE
- NOTICE
- OBSERVE
- REGISTER
- SCAN
- STARE
- STUDY
- TAKE IN
- VIEW
- WATCH

```
C E F U W E Y E U P T G V
O E R A S E M P Z U O X B
N H T A K E I N S G V E T
T O M C L T Z V G E S O E
E L C L S A J L S P O Z X
M L C G S E E T M L N F Z
P P O I R E G I S T E R I
L S N S D S L J U J P J I
A Q S J T G H C T A W U D
T O I U A L E T T E Z B E
E I D E C N A L G C Z C R
Z Y E O B S E R V E I A E
I L R R O E U D S T L E G
N Z X H X S P R O S C A N
V U E X A M I N E R A T S
```

146 HUES

- AMBER
- CHOCOLATE
- CYAN
- ECRU
- EMERALD
- FUCHSIA
- GOLD
- GREEN
- HELIOTROPE
- JET
- LILAC
- OLIVE
- ORANGE
- PUCE
- ROSE
- RUST
- TEAL
- VIOLET

```
V Z F D V K I T N L Y L I
H B V U S X S P U C E A E
E N Y H C U W I S O E E T
P M E I R H E Z Q P N T A
O D E E E D S V Z D V M L
R T T R R U F I I K V I O
T A X F A G E Q A L I G C
O T C U Y L P H J L O G O
I R R H I Z D I K Z L E H
L C A N Z X C U G V E Z C
E R C N A K W P E O T A Y
H E O K G Y O F W L L P Y
D B X S N E C M N I J D U
N M E N E V A Y L B L E K
S A X C I T H B K B I L T
```

NORSE DEITIES

```
E I R N I T A N N A N W N
O V H W N T D N L H I E T
E S I I A O D K A D D Y Y
U T H L M N C K J F O L H
B L O R T N U G H T N I S
D S E M N T Y F Y R W A E
X H E N V V X N H O J K T
N N K F D E O P I M T V R
P A D R O J N P E U H A V
M R B V F F A N U R B E O
F I S E L T D Z C K E S L
Z S G U L L V E I G T T Y
V E N A L J E C R A Z N A
A S A I R A H O R R D U Q
A E A G T B P A Y A B E I
```

◊ BRAGI   ◊ NOTT

◊ GEFJON   ◊ ODIN

◊ GULLVEIG   ◊ OSTARA

◊ HARIASA   ◊ RAN

◊ HEL   ◊ SINTHGUNT

◊ HERMOD   ◊ SOL

◊ MANI   ◊ TANFANA

◊ NANNA   ◊ TAPIO

◊ NJORD   ◊ TIW

U WORDS

```
U S T I M U E R B F U D U
K S T U N D E R H A N D X
K U U V E A U U J E P S U
T O U R A R B P N R A L N
N A U D Y U D R E V T I D
E N R U U I T C U R R S E
G T A L U C L S A X I N R
R A N L U U U V U D O E N
U U I A X D I U N U T T E
D F U G D O U N I U I U A
U I M E L P U T O U C U T
I U R E W U A I N M U G H
H N T I U H G E I B E N D
R U N H U R T D S E S A W
U D L C I W B J T R N W U
```

◊ UDDER   ◊ UNIONIST

◊ ULCER   ◊ UNPATRIOTIC

◊ ULLAGE   ◊ UNTIED

◊ ULNAR   ◊ UPWIND

◊ ULTRAVIOLET   ◊ URANIUM

◊ UMBER   ◊ URBAN

◊ UNDERHAND   ◊ URGENT

◊ UNDERNEATH   ◊ USURY

◊ UNHURT   ◊ UTENSILS

149   GOLFING TERMS

- APPROACH
- APRON
- BLADE
- BUNKER
- CLEEK
- DIMPLES
- EAGLE
- FAIRWAY
- FORE
- HAZARD
- LOFT
- ROUGH
- SLICE
- SPIKES
- SPOON
- STANCE
- WEDGE
- WOOD

```
A H W C N D P Q T C R S E
S S T F R D R I V P D P D
I H F A I R W A Y M Y I A
X T Z B K D A R S K M K L
L A E A E Z G E H E N E B
H D T C E I F K C G U S T
L X Z K L A P N A W U F K
W W N E C N A U O O O O D
F D O Y G T O B R L E S R
R I O R S D R R P F O R E
G M P O Z E E D P E D O Y
S P S G W L W W A A O C C
Y L S M F Q D G T G Q M X
I E N E X S L S L I C E S
J S N R R E X T S O M M Y
```

150   COUNTRIES' FORMER NAMES

- ABYSSINIA
- ALBION
- BOHEMIA
- CALEDONIA
- CATHAY
- CEYLON
- DAHOMEY
- FORMOSA
- MANGI
- MESOPOTAMIA
- MORAVIA
- NEW HEBRIDES
- NUMIDIA
- PERSIA
- RHODESIA
- SIAM
- USSR
- ZAIRE

```
I E A U B A W A O C H O L
G W M A I S I Q A T O P N
N H L B B M Y L B A C O N
A H R Y E L E Z B N L R C
M A N H B D O Y A Y O H E
E L O E O L S D E I E O P
S B Q N W S A C V H R D E
O D I J I H V Y A P M E R
P A K N O F E M L T T S S
O S I M Z O O B E A H I I
T A E Y R R W S R Q X A A
A Y N S A M A L B I O N Y
M R S V U O N U M I D I A
I U I T T S F A S H N E B
A A I I N A L J R S Z E S
```

```
Y A O S A E L Z F Z W R R
S T U L A R R A B R I D P
L K I D S Y A I W S D U D
U K D C W S N F L C E H N
H Q P D O V R E I H W F A
K C A R N A M D P N O W L
G G I E A A O H K R K Y S
U J D N R E W E G E A E I
O I O T A I Z X D E F C T
U A I A N O V M X Z H L S
Y N D E U Y D A N N A H E
E Y O N H U F L N P B X I
A T L O A T R O U S A Y R
S U M H F H H R R M O D P
G V A V L U N G A X I E E
```

◇ BARRA ◇ MULDOANICH

◇ CARNA ◇ PRIEST ISLAND

◇ DANNA ◇ ROUSAY

◇ EIGG ◇ SCARP

◇ FARA ◇ SOAY

◇ HANDA ◇ SWONA

◇ HOY ◇ ULVA

◇ ISLE MARTIN ◇ UYEA

◇ LUNGA ◇ WIAY

```
N H Y N K I G D O N N Z N
T I U J Z E I R B T I E L
M A H A H T Y T O R H K U
W A H C X E T B O P C U S
T B P L R X R A V B N G T
G I A A G U C M L H E X U
O A A K T H O L I U T J N
L L I B A E A E A T I Y O
R E I P A T R G P D H R V
C T R T E N G N I D N A L
T N C O D S Q A O D A U E
N L O O H C S O U S E T K
G S P V K S L Q T N T S I
U U O E L K N I W I R E P
W H E L K E A I Q O B R R
```

◇ ANGEL ◇ PIKE

◇ BAIT ◇ ROACH

◇ ESTUARY ◇ SCHOOL

◇ HERMIT ◇ SEPIA

◇ INSHORE ◇ SKIN

◇ LANDING NET ◇ TENCH

◇ PATERNOSTER ◇ TURBOT

◇ PERIWINKLE ◇ URCHIN

◇ PIER ◇ WHELK

153 THINGS THAT ARE MEASURED

- ◊ ANGLE
- ◊ AREA
- ◊ CURRENT
- ◊ ELASTICITY
- ◊ EXPANSE
- ◊ FORCE
- ◊ FREQUENCY
- ◊ MASS
- ◊ PERMEABILITY
- ◊ PRESSURE
- ◊ RESISTANCE
- ◊ SOUND
- ◊ SPREAD
- ◊ TIDES
- ◊ TIME
- ◊ TORQUE
- ◊ WIDTH
- ◊ WORK

```
Q K N P Y D R D E B Y C T
A H C T T N E R R U C R Y
K W T W Y T W A O E N Q T
L O D D T J Z R P S E S I
X R A V I T J C T N U A L
H K E D C W E K N A Q T I
D A R T I F A O Y P E P B
N R P S T D K E T X R E A
R E S I S T A N C E F T E
F A O R A F Y A S R O J M
M F U V L E E S N R O S R
W P N G E M U X Q G E F E
P Q D R I R L U O D L N P
M D B T E O E T I N I E F
E B R W E I A T N B Q W X
```

154 HALLOWEEN

- ◊ BATS
- ◊ BONFIRES
- ◊ CANDLES
- ◊ COVEN
- ◊ CURSES
- ◊ DANCING
- ◊ FLYING
- ◊ FROGS
- ◊ GOBLINS
- ◊ HALLOWEEN
- ◊ IMPS
- ◊ INITIATE
- ◊ MAGIC
- ◊ PAGAN
- ◊ SPELLS
- ◊ SUPER-NATURAL
- ◊ TOADS
- ◊ TRADITIONS

```
S P P F N S A S M K G N S
Y M Y A P D D A P J S L P
D X G M H A M L N E V O C
H A I I O N E A R J L A O
P A E T N C Z I G D E L P
S B L B S I F K W I R I S
G A X L N N T Y D Z C L E
O D T E O G J I A I U R R
R S W B I W P B A O R K G
F S E J T S E B A T S E N
G O B L I N S E H A E Z I
O O Z B D F G T N E S B Y
H H X C A N O K Q W M Y L
S U P E R N A T U R A L F
A A J J T G A C T G X C S
```

```
H Y Y S G O L D F I S H B
F S T I B B A R N M E N A
U H E R M C O A L K C U D
A E W A Y G A T V V D P X
T T D G O M O U S E N A Y
A L J I F E A U E E M R L
O A K R U E R L S E O R V
G N I E D D R L G Z K O A
E D P G F P P R A O Y T R
Z P R D F G I G E P G E E
G O D U F T E L P T D G S
S N L B R T A U R I K O R
P Y T H O N P C P M O M O
S T I C K I N S E C T N H
I M D R U L D A N T N D D
```

◊ BUDGERIGAR
◊ CAT
◊ DOG
◊ DUCK
◊ FERRET
◊ FROG
◊ GOAT
◊ GOLDFISH
◊ HORSE
◊ MOUSE
◊ PARROT
◊ PUPPY
◊ PYTHON
◊ RABBIT
◊ RAT
◊ SHETLAND PONY
◊ SPIDER
◊ STICK INSECT

```
N D J Q I O Y E Q T D T P
T L O C P A Q R S P N N T
H E T T E I H I K E O E P
T I P Y A T N P W N I M R
N F N R T R A S T T A H D
E E O D E I P N T T B C C
M N E D R R M A I R Z R E
A I O R I A O R U M I A A
T M N N A M N T O L L P S
S G T I I H A C M F I U E
E U P H O L S T E R E N F
T Y S O I P T E N B W D I
W R A T A P E O M Y D X R
D E Y A R T R O P I E Y E
D S Z L A B Y R I N T H D
```

◊ BRUTALITY
◊ CEASEFIRE
◊ DEFORMITY
◊ FULMINATE
◊ HINDRANCE
◊ LABYRINTH
◊ MINEFIELD
◊ MODERNIST
◊ MONASTERY
◊ NEWSPRINT
◊ PARCHMENT
◊ PINSTRIPE
◊ PORTRAYED
◊ TARPAULIN
◊ TESTAMENT
◊ TIMESHARE
◊ TRANSPIRE
◊ UPHOLSTER

157   CYCLING

◊ BASKET   ◊ NUTS

◊ BELL   ◊ PANNIER

◊ BRAKES   ◊ PEDALS

◊ COGS   ◊ PUMP

◊ GEARS   ◊ REFLECTOR

◊ HELMET   ◊ SEAT

◊ LEVERS   ◊ SPEEDOMETER

◊ LIGHTS   ◊ SPROCKET

◊ LOCK   ◊ TOE CLIP

```
V P W H D S L S R S I J T
Y S K N E G E Y E X O L E
P X P K N E V H I W I E K
N U A E N Z E H N W J X S
A R M P E L R H N U T S A
B S B P M D S E A P X X B
R G T E K C O R P S R H I
Q O T A L Y P M S E O M N
K C O L P L I R E E T N F
D E O V P E A R I T C H H
W Q H W F E D P K G E N P
F S W J G M D A M V L R P
T O E C L I P F L T F Y F
U V X A A G V Q K S E T G
K R A S T H G I L P R P O
```

158   DREAMS

◊ ALIENS   ◊ MOTHER

◊ CROWDS   ◊ NAKEDNESS

◊ EATING   ◊ RICHES

◊ FAILURE   ◊ STARDOM

◊ FALLING   ◊ SUCCESS

◊ FOOD   ◊ THE FUTURE

◊ HOME   ◊ THE PAST

◊ LOVE   ◊ WEALTH

◊ MONEY   ◊ WORK

```
S K Q A N K M D F S F E S
C S T A R D O M U O V H T
S Y C O E I L C B A O A E
M E W R P R C L L M L D R
O N R O O E U H E I D O U
T A D C S W G L E G U I T
H M H S R N D N I S N J U
E P T N I L S S Z A H C F
R F L T A T Y C K O F Q E
N N A S S N S E R X E L H
A E E L G V D A O P M S T
L M W A L N D G P O L E O
D O J U E I R Q N E F S N
L E V S Z D N E J P H G N
T E S E K S Y G K H M T V
```

A WORDS

```
A D B A T G A K N E G A A
T N A H H A S A N N Z Q A
T S N A I Y M B I S V B K
E H A U C P A D R A O L A
N C J M L C I T U U U O D
D A A I B A A V T V J E A
A Z F E X E Y A S A D C R
N Y Y A E P R G A D I P T
C B W A T C K R A H C N S
E R R U A T M C C L Z I
Y M M L T I Q A U T L M D
Y K N A S K S L G I G O I
S K G T A A A O W A R J P
E T S U G U A A F D P T S
A K A G R E E M E N T E A
```

◊ ABOUT   ◊ ARMY

◊ ADDED   ◊ ARTIST

◊ AGAPE   ◊ ASPIDISTRA

◊ AGREEMENT   ◊ ASTUTE

◊ AIDING   ◊ ATRIUM

◊ AITCH   ◊ ATTAIN

◊ AMBER   ◊ ATTENDANCE

◊ AMPLIFY   ◊ AUGUST

◊ ANNUL   ◊ AWRY

GREEK MYTHOLOGY

```
E S N M S A L W N R K I A
I C T O B M C S L I A F O
R Y M Y I N K H N S I A O
J L D E X R E G E A A I E
X L A C D S O C C R G T O
N A T U R E A H T Z O W B
A C U S D R A E Y F J N R
S Y H I G Z V R R D B M Q
I U P A T E O I E O R L I
D U E P O R E T S A B A O
S H A H S S E H I E M L I
O L A D P L T N C E M B R
R U S D D R T E L Y S A Z
O T A R E R O H C I S L N
E I J L G S E A N Y M P H
```

◊ ACHERON   ◊ ICHOR

◊ ASTEROPE   ◊ KING OEDIPUS

◊ BOREAS   ◊ MEDEA

◊ CHAOS   ◊ ORION

◊ ERATO   ◊ ORPHEUS

◊ GAIA   ◊ PSYCHE

◊ GRACES   ◊ SCYLLA

◊ HADES   ◊ SEA NYMPH

◊ HYDRA   ◊ STYX

161   PETERS

◊ ABELARD   ◊ LAWFORD

◊ ANDRE   ◊ MANSFIELD

◊ BEHRENS   ◊ MINUIT

◊ CUSHING   ◊ NOONE

◊ FALK   ◊ ROGET

◊ FONDA   ◊ SELLERS

◊ GRAVES   ◊ STUYVESANT

◊ GREENE   ◊ TORK

◊ KRAUSE   ◊ USTINOV

```
S N E R H E B A S T L S S
B F A D Q Z N T E G O R F
L F J B R T P E A N D R E
V S S A D A V D I U V S K
E R T O N L L I F O R D S
F E Q U G R E E N E O E N
M L X N Y K F I B I U N A
S L T K M V T G F A L O E
N E E I N S E B Y S K O V
V S V S U Q V S V L N N R
S N C A R N I E A E H A E
E S U A R K I F O N D A M
O H Q R W G T M Y J T S R
D R O F W A L E V T O L K
C A S H I N G N I H S U C
```

162   MOON CRATERS

◊ ANDERSON   ◊ HUBBLE

◊ ARISTOTELES   ◊ LEONOV

◊ BOHR   ◊ LORENTZ

◊ BONPLAND   ◊ LUDWIG

◊ BYRD   ◊ NOBEL

◊ CARVER   ◊ ROENTGEN

◊ EINSTEIN   ◊ TITOV

◊ EULER   ◊ VEGA

◊ HALLEY   ◊ WATT

```
K V D N A L P N O B W M H
B Q L V H L V V W C N H A
A Y E E C P O Y O X I I L
H G R E B Q R J X N J A L
A J E D L O R H O B O M E
V N I E T S N I E H N E Y
V D D H M K Z T N E R O L
F V Y E N N C R G M T M U
T H W G R A X T E Q I W D
R E W W R S N H I Z T I W
H S O V A E O T R U O N I
J Q E U O T O N H E V K G
K R A R I S T O T E L E S
Z N U A S Y X B B B Q U C
A Z A M L Z P H U B B L E
```

TOOLS

```
S K K Q R O T A T O R M C
C R O W B A R R A N Z E H
I W H C N U P L O L K E G
S D I D H C R O T W O L B
S L D R E U E Y A A E V Q
O S E T E N T D C S Z L B
R R N D U C Z K J D E T V
S E L E G E U L L N A E H
R C T D O E J T S A S L A
A N X A K J H P T B Y M G
E I A P S C R A P E R I A
H P U S F A Z H M U R G Z
S M G R Y B F Q K M F S Z
M Q E E S R E I L P E V E
C E R O G L S H M H K R A
```

◊ ADZE
◊ AUGER
◊ BAND SAW
◊ BLOWTORCH
◊ CROWBAR
◊ GIMLET
◊ PINCERS
◊ PLIERS
◊ PUNCH

◊ ROTATOR
◊ SCISSORS
◊ SCRAPER
◊ SHEARS
◊ SLEDGE-HAMMER
◊ SPADE
◊ SPRAYER
◊ TROWEL
◊ WIRE CUTTERS

SALAD

```
S P Y S E V I L O J D E W
S W V I Q S T U N L A W P
E A N G B B E U L H A F E
R H X R Y W I F S Z N Q A
C V E E X O S I H F I V S
V H I E G U D G E C C O G
M Y H N J A E N S H O N L
U F S P R I N G O N I O N
S V K E I E C K A S S S Q
H N N P L J Z A S B E P D
R E P P E P D E R V B E W
O A O E T L R A I R O A G
O F S R U D O H Q M O T C
M M I S Z S C S I X U T J
S M J M P O T A T O Z U Y
```

◊ CABBAGE
◊ CARROT
◊ CHEESE
◊ CHIVES
◊ CRESS
◊ DRESSING
◊ FENNEL
◊ GREEN PEPPER
◊ HERBS

◊ MUSHROOMS
◊ NICOISE
◊ OLIVES
◊ PEAS
◊ POTATO
◊ RADISH
◊ RED PEPPER
◊ SPRING ONION
◊ WALNUTS

165   WIND AND BRASS INSTRUMENTS

- ALPENHORN
- HECKELPHONE
- BAGPIPES
- KAZOO
- BUGLE
- OBOE
- CORNET
- OCARINA
- FIFE
- RECORDER
- FLAGEOLET
- SHAWM
- FLUTE
- TIN WHISTLE
- HARMONICA
- TRUMPET
- HAUTBOY
- TUBA

```
E K S G E Y V M W B T F N
D F E T I N W H I S T L E
R M I U P A F W A X R A N
E W E F H O U L E X H G O
C V P S O W P K U A N E H
O Z G Z O E N L U T S O P
R Q A I N F Y T N E E L L
D K L H E B B A P N F E E
E B O T K O U I A E J T K
R R U Q Y T P G T F Q Y C
N B U R L G K E L B K Z E
Y T O K A M N I F E X T H
I H R B D R T E P M U R T
A C I N O M R A H B Z I Z
H D C C Z E O C A R I N A
```

166   WORDS DERIVED FROM GERMAN

- ANGST
- MUESLI
- COBALT
- POLTERGEIST
- CRUSH
- POODLE
- DACHSHUND
- PRETZEL
- DIESEL
- QUARTZ
- ERSATZ
- ROAST
- ESTER
- SCALE
- FLATTER
- WALTZ
- GLITZ
- YODEL

```
A E W L N N T O Z L H J T
B U R E T S E T E P D T N
E L D O O P I D M T C P A
H S U R C L O F C Q O O K
O I O S G Y P L U L B L Z
V E D L C R P A N S A T L
K Q S A E A R T E M L E L
G D O T C T L T U A T R S
R I Z D Z H L E W P Q G T
I E U Z T A S R E T R E H
L S Y H A L I H L S E I S
K E E N I W F B U J W S D
O L G R O A S T T N D T R
I S G V L Q J O U S D M J
T R G F P H L T W E N S I
```

OPINIONS

```
S H L P D J Q I N L R P A
S C L R S N F C O L D E R
M N B E G S I E N Z D K L
K U R M E E E M A I R Q F
C H H I F T A U C E D N I
M R R S H L F L G E O A N
E A E E R A K G D I G T D
N R S E I E D U S T M T I
M I C T D Z C S O G A I N
S B H I J T E K F J W T G
M K T P I R O E O V S U S
O W F O P Q I U R N I D A
I Z N M D L S E O C I E Q
X N I N E L Q O O O V N W
A O T B M Q Q R X C O N G
```

◊ ATTITUDE   ◊ GUESS

◊ AXIOM   ◊ HUNCH

◊ BELIEF   ◊ IDEA

◊ CANON   ◊ IMPRESSION

◊ CREED   ◊ MIND

◊ DEDUCTION   ◊ PREMISE

◊ DOGMA   ◊ RECKONING

◊ FAITH   ◊ THESIS

◊ FINDINGS   ◊ VIEW

---

168 **END AT THE END**

```
D N E H Y X W Y O E E N D
A E N D M T R E N D S D K
A K U O D C A W N U T N L
K P N D H N R N P D I E D
T A P Y N Z E E X C P N W
H P P R U E R B C J E A D
L R K E E I C O N P N T N
D E W X N H N S U U D T E
I T G T V T E D E Q P E F
V E E E E D E N N D K N F
I N O N N K N Y D E N D O
D D D D Y D D E C Q I O Y
E M I S S P E N D N E F C
N E J R S E N D E P E N D
D N E L X R K H Z L E N D
```

◊ APPREHEND   ◊ MISSPEND

◊ ATTEND   ◊ OFFEND

◊ CONDESCEND   ◊ PRETEND

◊ CONTEND   ◊ STIPEND

◊ DEPEND   ◊ SUPERINTEND

◊ DIVIDEND   ◊ TREND

◊ EXTEND   ◊ UNBEND

◊ FIEND   ◊ UPEND

◊ LEGEND   ◊ WEND

CREATURES' FEATURES

- ◊ ABDOMEN
- ◊ HUMP
- ◊ ANTLERS
- ◊ MUZZLE
- ◊ BEAK
- ◊ PALPS
- ◊ BILL
- ◊ POUCH
- ◊ COAT
- ◊ SPOTS
- ◊ COMB
- ◊ TAIL
- ◊ EXOSKELETON
- ◊ TENTACLES
- ◊ FUR
- ◊ TUSKS
- ◊ HEAD
- ◊ WOOL

```
O U J A Z Q S Z X L V O E
K P A L T E P R G M T R O
E K Q O O U D A E H E U I
F X P B P O G P Z L N W G
R M O M A K W U B S T Z B
X H U S P O T S D F A N J
I H C J K M T M Q H C C A
J E H C B E B T T F L B Y
A O V M P M L S G U E I H
B Q O K M V M E P Y S Y I
D C L L I B U T T L C K E
O A G O U N Z Z A O A Q S
M N L C S F Z Q A I N P H
E E A A U N L T Z G L W T
N V D R K A E B S Z O C H
```

GOOD

- ◊ AGREEABLE
- ◊ PASSABLE
- ◊ CHEERFUL
- ◊ PLEASANT
- ◊ CRACKING
- ◊ PLEASING
- ◊ DEPENDABLE
- ◊ PLEASURABLE
- ◊ FIRST-CLASS
- ◊ RELIABLE
- ◊ GRACIOUS
- ◊ SATISFACTORY
- ◊ GREAT
- ◊ SMASHING
- ◊ HEALTHY
- ◊ SUITABLE
- ◊ OBEDIENT
- ◊ SUPERB

```
S A T I S F A C T O R Y H
R G M N G R E Y P F W O S
P R N S N O E A E Y S U E
L E X W I C S S T E O D Z
E E T H S S H H U I E D T
A A E N A O E E C P J A F
S B N B E A I A E R E I D
U L L K L I R N E R R R S
R E R T P G D L G S F M B
A N H R A A I E T N A U Q
B Y L T B A T C B S E V L
L I S L B I L Y H O I R A
E F E L B A T I U S N O R
P L E A S A N T X L B R H
B L R S S G N I K C A R C
```

```
Y A S A R S B Y C F X N A
P I O D V I M Z O L P L S
S R E K N O C G A E L M C
V R D L O N G T T E O T I
M X E L D Y S E R O R G C
S J G M A I S B R A N O M
Y T A Z M B M H H U A A P
O Y A V P U S N F U E C S
P U E H L U S S H B E A I
D C W Q M L I N D J K S R
K L O I U I Z D A U W D C
E P T O D I X D O I O Y D
S O V B L O N T L K D L N
J D T L R S A O F O H N C
T S H S O E S X X I N D I
```

◊ CLOUDS

◊ COAT

◊ CONKERS

◊ COOL

◊ CRISP

◊ DAMP

◊ EQUINOX

◊ FOGGY

◊ FUNGI

◊ GLOOMY

◊ HATS

◊ HUES

◊ INDIAN SUMMER

◊ MIST

◊ MUSHROOMS

◊ PODS

◊ UMBRELLA

◊ YIELD

```
O B E O T L H N H M N T A
A T E K O D M R Q V D S A
T E L L S R L A C O M A Q
L M W H U A D J O R N G T
N Y O I Y M M D M K K D L
S W N B I S I N M V B A T
K A A T Z S N L U Z L O H
K R Q E C N U O N N A R U
E D E O Z K R O I T B B C
D I V Y A D T Y C U L R M
E E X E Z I Y L A E L R L
R F D D F J V Q T R O K N
D E Q Y G X W O E F T A I
E C N I V E N L N E O E D
A I N T S E F I N A M L B
```

◊ ADMIT

◊ ANNOUNCE

◊ BETRAY

◊ BLAB

◊ BROADCAST

◊ COMMUNICATE

◊ DISCOVER

◊ EVINCE

◊ INFORM

◊ LAY BARE

◊ LEAK

◊ LET ON

◊ MANIFEST

◊ NOTIFY

◊ RUIN

◊ SHOW

◊ TELL

◊ UNMASK

173 GODDESSES

- AMPHITRITE
- APHRODITE
- ARIADNE
- ASTARTE
- ATHENE
- AURORA
- DIANA
- DURGA
- FREYA
- HECATE
- HESTIA
- ISHTAR
- KUNDALINI
- MORRIGAN
- PERSEPHONE
- SALACIA
- VENUS
- VESTA

```
E N O H P E S R E P N E A
Y W H I Q F V R E J V R S
M C I Z B I P F T V N T T
A O R E T I R T I H P M A
C R R A Y E R F D K A Z R
Q I I R T D I R O U U J T
H Q K A I H I R R N R G E
E E L A D G S Q H D O G S
S A N U A N A I P A R T A
T A U E Q V E N A L A A Q
I B L E H I E M B I H A K
A Y Z A L T C S U N E V N
A P H J C Y A H T I V J G
H D U Z O I G V J A S X X
B H U H E T A C E H F Y P
```

174 LINKS

- ALLIES
- BINDS
- BONDS
- CHAINS
- CIRCUITS
- CONTACTS
- COUPLES
- FASTENS
- FUSES
- HARNESSES
- INTERLOCKS
- JOINS
- JUNCTIONS
- MARRIES
- MERGES
- SPLICES
- UNITES
- YOKES

```
I V Q S E S S E N R A H E
O C F I P S W T B F R O U
Q D P A N L Q I U M S U N
A H K I S T I S R E L S M
L U O S D T E C G L E D A
C J A U T S E R E D L N R
H O U B D I E N L S E O R
I C U N I M U D S O N B I
E R O P C N R C S U C S E
Y E Q N L T D N R N E K S
S O F L T E I S Z I O T S
D U K O P A S O L T C L G
R J I E H Z C L N E G R J
T M T C S V A T H S N L C
S E H C E Y Z W S D I K U
```

```
J T H C R I B H J P M G P
X N W E Y P A C S C F C T
L X V B A Y L E S I S D Q
R U W O C L S E H H G G S
R Y U N P E A B S M Q S W
B O Q Y L J C S T E E R P
A D S P R E O U B R A G E
P B A E D C N F P B H D K
T M D A W L O Y U A K A Y
E L R H A O C O E U O D R
A V Z W S P O Y B E W P G
K V B H I A O D T M C R Z
C N X N B H W I G G A J E
C H E R R Y H X M C Q B H
A S L O S W R K Y R M G V
```

◊ ALDER   ◊ EBONY

◊ ASH   ◊ MAPLE

◊ BALSA   ◊ MERBAU

◊ BAMBOO   ◊ PINE

◊ BEECH   ◊ ROSEWOOD

◊ BIRCH   ◊ TEAK

◊ CEDAR   ◊ WALNUT

◊ CHERRY   ◊ WHITE OAK

◊ CYPRESS   ◊ YEW

```
W M U S H R O O M M D M P
M I I T I O M A J A C U H
U X G C G D G G M D M E O
I A M F R N R O Q A W L M
D M K L E O O C D Q M O U
E S K T O N F A G I M S N
M Z I M B C M I S L A U E
M S M E I Y L I L J R A D
M U A E N N N A U M J M B
V M T O M F I R M H O A Y
H Y T N O O O M N K R Y L
X E C R E H R V U M A H O
M V M M U M N I H M M E M
Q B H U O Q O F A G H M Q
M E D O M F R M Z M D F V
```

◊ MADAM   ◊ METONYM

◊ MAGNETISM   ◊ MICROFILM

◊ MALCOLM   ◊ MINIMUM

◊ MARJORAM   ◊ MISINFORM

◊ MAUSOLEUM   ◊ MODEM

◊ MAXIM   ◊ MOLYBDENUM

◊ MAYHEM   ◊ MOMENTUM

◊ MEDIUM   ◊ MOONBEAM

◊ MEMORIAM   ◊ MUSHROOM

OPERA COMPOSERS

- ADAMS
- AUBER
- BARBER
- BERG
- BIZET
- CAVALLI
- CHARPENTIER
- CIMAROSA
- GLINKA
- GLUCK
- HENZE
- LEONCAVALLO
- MEYERBEER
- RAMEAU
- RAVEL
- SMETANA
- STRAVINSKY
- WEIR

```
Y K S N I V A R T S W E U
V J X W L W G P J R O X A
K F I F X E I L L A V A C
C R Y X S O V I R M T I O
U D I O G M Y A R E M E L
L R E I T N E P R A H C L
G L I N K A G T R U U E A
R E B U A D A O A R T G V
O K T I D A S G G N R O A
V A W B A A L D L I A L C
T U S A M U O O E L H T N
P Q R R S L E W G R E B O
R E E B R E Y E M Z N K E
T T O E R R Y K I D Z T L
K P D R S X F B R J E S U
```

E BEFORE I

- ATHEIST
- BEIGE
- COUNTERFEIT
- DECEIT
- FEIGNED
- FRANKENSTEIN
- GNEISS
- HEINOUS
- HOLBEIN
- MARSEILLES
- MULLEIN
- PLEBEIAN
- REINDEER
- SEINE
- SKEIN
- VEINS
- WEIGHT
- WEIRD

```
X T D Q U G G H B C V Z S
E N I E S S O Y A J T U B
T T I E F R E T N U O C L
X V F A C S H Y L N W E D
W B S E N E N L I Y R G N
E H M I I I D E L Z E I L
I E E S E G H X U S E E I
G V T L M N N Z W I D B S
H O L B E I N E O Z N S J
T U O H Q U N O D R I E W
M R J S M C I K U E E Z P
N I E T S N E K N A R F H
C F M H Q K K G H I J O T
S E L L I E S R A M J F V
R U P L E B E I A N E J J
```

CAKES

```
B X T Y Y P D H C S V Q E
T U F R U I T H D S G Z S
L S I L T L O G N L P E A
N A E P L C E E I G P S M
D I H R O N L L N N X N T
H V S L O L J I O Z G X S
L D A I O F D P Y G L E I
J T O T A D K X Y F O R R
E A S T E R A C I Z C N H
E N W W L X T L A H G O C
F A R E Y A L H E L D R D
F F K O V I C R V A B F J
O O C C N O R Z F V R F B
C C Q G M Y D N U O P A P
M D O O F L E G N A K S Y
```

◊ ANGEL FOOD ◊ GINGER

◊ BLACK FOREST ◊ LAYER

◊ CHERRY ◊ MOCHA

◊ CHOCOLATE ◊ POUND

◊ CHRISTMAS ◊ RAISIN

◊ COFFEE ◊ SAFFRON

◊ EASTER ◊ STOLLEN

◊ FILLING ◊ WEDDING

◊ FRUIT ◊ YULE LOG

CONTAINERS

```
T G S G E S A C T I U S O
T A R D U R D E L I R B B
L N L S A J U H N W H A R
U I D Y J C P T O N T C Y
A I A J W A F U T H K E R
V R X E N L U X R D K B N
T O Z N L M O E A S Y I O
W T I Q S C E R C O E B S
B E A K E R A H L T F O E
R O V I C K O T S A N T B
C H E S T O A U P M D H A
H R F P N A S U R E C L G
U Z A E F E R A G E C I E
R C R T V R V U S K W E T
N Y S D E H M E L E I O R
```

◊ BATH ◊ NOSEBAG

◊ BEAKER ◊ PANNIER

◊ CARTON ◊ PURSE

◊ CHEST ◊ RECEPTACLE

◊ CHURN ◊ SCHOONER

◊ CRATE ◊ STEIN

◊ JUG ◊ SUITCASE

◊ LADLE ◊ TRAY

◊ MUG ◊ VAULT

RIVERS OF THE WORLD

◊ BLACKWATER ◊ NIGER

◊ EUPHRATES ◊ NILE

◊ FLINDERS ◊ ODER

◊ FRASER ◊ OHIO

◊ GAMBIA ◊ RHINE

◊ INDUS ◊ RUHR

◊ KLONDIKE ◊ SEINE

◊ MACKENZIE ◊ SOMME

◊ NIAGARA ◊ THAMES

```
R R O S A I I A S I W E N
E A S E O T Y U E R M A S
D K E M N M D R F R Y R T
O G R A N N M R X D E A B
P Z H H I T B E E D F G L
O D I T L S W U N G T A A
T N N D E Y P I A S I I C
E P E I E H L M U L E N K
P K N X R F B Q O G H A W
K E I A J I R C Y H H I A
B E T D A D R A A A I S T
A E R N N U L R S H R O E
S T V I H O O L K E N I R
R E L R S P L N O Q R D T
P P E I Z N E K C A M T R
```

WEDDING ANNIVERSARIES

◊ COTTON ◊ POTTERY

◊ DIAMOND ◊ RUBY

◊ EMERALD ◊ SAPPHIRE

◊ GOLDEN ◊ SILK

◊ IRON ◊ SILVER

◊ LACE ◊ STEEL

◊ LINEN ◊ TIN

◊ PAPER ◊ WOOD

◊ PEARL ◊ WOOL

```
O R C D M E N S D O L Q O
A L G E X E I O L I X M O
L C O S L L G M T O J X D
E R L D K Y R E T T O P S
O E D P E A R L S F O W M
E D E F E I N E W I Q C U
R N N H L N F P I O Z H
A O L P A E K I R A P L S
O M P C M S E O T U P Q E
H A E Y I N N M S J B E G
S I R L N B G Q E R G Y P
N D V E A L V V D R K O E
S E N C L X W B R O A N R
R I W E M S L E Q I O L Y
L J L E E T S L T I E W D
```

```
R H M X R S S S C U O H C
N J A I L R K R K L D J H
A Z I F L T H U A V O E M
N B F I H L I O I E N C R
O Z M R Y N E H T D Y C K
S I E S A U E N U X K N N
E L H T D T N R N Y X Y Z
C D T T S U E T E I C Y L
O C L M Z A F S M Z U V Y
N Z X G L I P S P V A M V
D C Q T H R C A S A N I H
X W J S M T C E K D L S M
M O N T H E G O Y F U E G
J Q L A Y A L E D R X D K
B T F Y B Q V D Q A S I O
```

◊ AGES ◊ NANOSECOND

◊ CLOCK ◊ PACE

◊ DELAY ◊ PAST

◊ ELAPSE ◊ RATE

◊ ENDURE ◊ RUSH

◊ FIRST ◊ SHIFT

◊ HOURS ◊ STAY

◊ MILLENNIUM ◊ THEN

◊ MONTH ◊ YEAR

```
L N D N N I U W I B R B E
E P N V A M O O S E S V I
M S O I A T T A M T I U L
H L C P J M V B A R Y U E
S I S R D W A R D H T I W
I F B O A R T J A G N J S
N W A C K M A K E F O R L
A M L E W I D N O L A I R
V O M E L T A W A Y T R K
R V I D Z E L E L B N S S
H E O Q U I C K Z J I E S
S H T I X E Q N H W G T T
F M E Y T T N S N T E O C
L I D A D V A N C E B U K
D N W H D G I Q N B Y T D
```

◊ ABSCOND ◊ MOVE

◊ ADVANCE ◊ PROCEED

◊ BEGIN ◊ QUICK

◊ DRIVE ◊ SCRAM

◊ EMBARK ◊ SET OUT

◊ EXIT ◊ START

◊ HEAD ◊ VAMOOSE

◊ MAKE FOR ◊ VANISH

◊ MELT AWAY ◊ WITHDRAW

FICTIONAL SLEUTHS

- CAGNEY
- CARTER
- CHAN
- CREEK
- CROCKETT
- ELLERY QUEEN
- HARRY O
- HOUSTON
- LACEY
- MAIGRET
- MCGILL
- MONK
- PETER WIMSEY
- PETROCELLI
- REGAN
- RICHARD HANNAY
- SGT HO
- ZEN

```
H O U S T O N L X N E S D
Y A E N L T X I A N Y J Z
A A E D N C Z G E N Z K X
V Z N L A C E Y V E I P F
R I M N S R L C C I E E Y
E F I Z A L K R N T L T E
T Z R S I H O E E L I R N
R R O G A C D R E L A O G
A E C R K E W R J R V C A
C M R E X I Y N A H C E C
Y Y T H M Q S G T H O L N
O T S S U M T T N K C L L
T Q E E O Q L T S X O I L
O Y E N V E P G E U D X R
N N K S T E R G I A M J N
```

ART MEDIA

- ABSTRACT
- BATIK
- CARTOON
- CERAMICS
- CRAYON
- DAUB
- GOUACHE
- GRAPHIC
- MONTAGE
- MOSAIC
- OILS
- OUTLINE
- PUTTY
- RELIEF
- SKETCH
- STENCIL
- TINGE
- WOODCUT

```
N E V I N E A P H Q H S Q
V G C S F X J A E O Z K H
A N Z M T E R N A Q J E N
J I E K W E I D P U T T Y
I T C X C L N L A I S C J
S F U H T R Q C E U A H A
C W U U E I A E I R B K J
I G O Y X U H Y T L S H B
M T R T U C D O O W T O C
A G A A A W O R V N R Q I
R Q Y U P N F K E G A V A
E G O S Y H F S I L C N S
C G L I M B I N H T T L O
L I G D F G Z C C I A D M
O L Y E G A T N O M N B O
```

187 BRISK

A	S	E	B	E	L	B	M	I	N	I	E	P
E	D	E	P	P	E	K	O	W	Q	V	B	R
I	E	Q	D	T	M	D	Q	U	I	U	E	A
B	T	A	U	L	V	H	I	T	K	K	N	H
B	I	T	K	A	U	C	C	P	I	E	D	S
R	R	D	U	T	K	A	A	L	A	Y	E	O
U	I	P	S	I	R	C	S	J	N	R	K	N
S	P	F	C	V	B	S	D	A	A	E	B	O
Q	S	K	F	Q	E	Y	M	G	J	I	N	E
U	O	I	H	N	P	I	H	I	I	V	I	T
E	Y	Y	I	P	C	H	E	L	C	C	R	H
H	F	S	I	G	Q	G	A	E	B	E	I	I
S	U	Z	U	I	V	T	I	S	L	T	V	L
B	E	S	B	B	R	W	J	A	T	J	Y	O
T	R	A	M	S	B	V	Y	P	U	Y	W	N

◊ ACTIVE ◊ KEEN

◊ AGILE ◊ NIMBLE

◊ ALERT ◊ QUICK

◊ BRUSQUE ◊ RAPID

◊ BUSINESSLIKE ◊ SHARP

◊ BUSY ◊ SMART

◊ CRISP ◊ SPIRITED

◊ DYNAMIC ◊ VITAL

◊ HASTY ◊ ZIPPY

188 GREEK DEITIES

J	D	U	S	D	M	R	B	N	M	O	O	X
H	E	P	H	A	E	S	T	U	S	J	H	R
L	M	M	X	O	L	L	O	P	A	U	S	K
E	R	E	B	U	S	T	A	R	K	F	D	I
Q	N	T	D	A	T	H	A	F	I	R	F	J
A	Z	Y	R	E	R	H	I	R	E	O	Y	A
R	R	E	L	A	V	N	L	H	F	L	N	L
N	S	Y	U	P	I	T	T	V	K	N	P	E
I	A	B	V	H	K	E	H	X	R	A	J	E
L	Y	S	O	R	A	T	Y	O	L	H	Y	S
T	A	P	P	O	Z	I	Q	L	C	A	E	E
G	B	Z	G	D	V	E	A	T	R	R	R	A
E	N	A	M	I	R	S	U	G	I	E	O	E
O	F	Y	A	T	X	C	U	S	U	H	S	U
S	V	X	X	E	J	Q	D	C	S	A	G	R

◊ AETHER ◊ GAIA

◊ APHRODITE ◊ HEPHAESTUS

◊ APOLLO ◊ HERA

◊ ARES ◊ NYX

◊ ATLAS ◊ ORION

◊ CRIUS ◊ PALLAS

◊ EOS ◊ RHAPSO

◊ EREBUS ◊ RHEA

◊ EROS ◊ ZEUS

◊ ACUMEN
◊ MENTAL
◊ ASTUTE
◊ PERCEPTION
◊ BRAINY
◊ SCHOOLED
◊ BRIGHT
◊ SENSIBLE
◊ CLEAR-HEADED
◊ SHARP
◊ CLEVER
◊ SHREWD
◊ GENIUS
◊ TUTORED
◊ INTELLECT
◊ WELL-VERSED
◊ KNOWING
◊ WISDOM

```
W R N J D Y F M F R T D E
E B D K E Y C D P E U E K
L W I S D O M J W V T L V
B E J P A E G K A E O O C
I L G G E R T S B L R O G
S L D Y H R I U I C E H T
N V R R R L C K T W D C S
E E N I A F Y E R S E S Q
S R G T E M P F P L A I N
T S N B L R C N L T D K S
I E I R C A F E W L I H B
M D W I F V T M P Y A O P
O X O G E N I U S R V Q N
I N N H I S V C P F Y G Y
Y S K T B B R A I N Y C T
```

◊ CABAL
◊ POSTAL
◊ DIGITAL
◊ PROVINCIAL
◊ ETHICAL
◊ RENAL
◊ INTELLECTUAL
◊ RURAL
◊ LATERAL
◊ SIGNAL
◊ LOYAL
◊ SKELETAL
◊ LYRICAL
◊ SUBSTANTIAL
◊ NAVAL
◊ TRIBAL
◊ NEANDERTHAL
◊ TRIVIAL

```
L A G T D L A F M E A L S
E L F O L L P O S T A L E
P A L A A A S I S Y A A O
R H B N U S G E O U D U O
O T E A O N D L T L I T L
V R L R A R A C A A G A R
I E A L R C E C E L I N L
N D D M I L I D A T T L A
C N D H L R L V N L A W T
I A T E Y N A A G L L R E
A E T L L N T R I V I A L
L N G A A S E A L B G K E
I G T R B E R G A A L A K
E A G U A Z A L S A A J S
L M S R C Z L A O T L A L
```

ROBIN HOOD

```
K O W C C R V X L V T N E
R O O P E H T O T E V I G
A Z S T R H N Z W E Q F K
L T D E E G Y R E H C R A
A A R A B G V N H O E F N
N K O O W U R B G M E H S
A C W T B D Z A S T O G W
D H S S N S V A T J N H O
A I A E I M A A E I Y M R
L Z G R O Q X C T E Y O R
E E G O C E N N L T C O A
L U G F S I U X H L H U Y
Y P P E R H O U T L A W A
M J G P B L C H A R I T Y
U F F I R E H S X N X T W
```

◊ ALAN-A-DALE ◊ LOXLEY

◊ ARCHERY ◊ MYTH

◊ ARROWS ◊ OUTLAW

◊ CHARITY ◊ PRINCE JOHN

◊ FOREST ◊ SHERIFF

◊ GIVE TO THE POOR ◊ SIR GUY

◊ HUNTING ◊ SWORDS

◊ LEGEND ◊ TARGET

◊ LONGBOW ◊ TAXES

STITCHES

```
B R E T R A G H Y L Y G R
H A V J R H R N P L N L R
B R C S Y S K S I O C O J
L U O K S N T A L N J R Y
A L T O R R A I N I N E S
R Q M T E Z I A E N R U X
O N Y T O R I P H E F S R
C C C Q E N F G H D B C Q
E H L B V E H T Z L G R V
U W H E R Z A O I A S O P
Q H T N T E G N L V G L P
S Y K N F L D V E E U L P
A F E G U R T E R B Y T I
B T A E Y S I A D Y Z A L
P L U N X V H Q S N H N S
```

◊ BACK ◊ LAZY-DAISY

◊ BASQUE ◊ LONG

◊ BLIND ◊ MOSS

◊ BUTTONHOLE ◊ RUNNING

◊ CORAL ◊ SCROLL

◊ FAN ◊ SLIP

◊ FEATHER ◊ STRETCH

◊ FERN ◊ TENT

◊ GARTER ◊ ZIGZAG

HIGH AND LOW

- HIGH ADMIRAL
- HIGH LIFE
- HIGH NOON
- HIGHBALL
- HIGH-BLOWN
- HIGHBROW
- HIGHFALUTING
- HIGHLAND
- HIGHWAY
- LOW GEAR
- LOW LIFE
- LOW MASS
- LOW TIDE
- LOW WATER
- LOW-BORN
- LOW-NECKED
- LOW-PAID
- LOW-PITCHED

```
E W L O W N E C K E D T L
F H I G O N X H I N N O O
I R A C R X I J A Y W L W
L H A R B G H L H A O O L
H I N E H I H W I D L L A
G G L N G G D L G E B O R
I H O H I W O O H H H W I
H O W H H W O H F C G L M
N A O L W K I L A T I I D
Y S S A M W O L L I H F A
P S T H I G H Q U P L E H
H E L H I E D I T W O L G
R L O W B O R N I O W T I
H I G H B A L L N L E U H
D I A P W O L T G H G I H
```

PALINDROMES

- BIRD RIB
- BORROW OR ROB
- CIVIC
- DEED
- DEIFIED
- DR AWKWARD
- HANNAH
- KOOK
- NOON
- PULL UP
- RADAR
- REDDER
- ROTOR
- SAGAS
- SHAHS
- SOLOS
- STATS
- TENET

```
R L Y G J S D U J I H N J
F O J U H M I R S O L O S
S S T A T S E G A S F O N
V A H O T E N E T D J N R
J S D R R I X H U D A E D
B O R R O W O R R O B R O
L C P H A N N A H W Q I C
O A W S M Q W H R H B B C
H Q U K D K D E E I W I W
R P O Y W P D J P R V R J
I O U A X D E I F I E D M
K Y R L E T X F C J E R C
K D R R L W I V B E S I K
V U M Z X U C K D S C B H
U O C E I I P S A G A S C
```

```
K G L Q A W P T O A A Q D
B W K C V K J I Z R A B S
G O O C B Z C B G C F V A
R L P R N U M E P C R C F
U K O A H T N T A A I A F
B C R H I T M N V T C L Q
N I T R I N G W C G A B N
E W O N O O I R V K T A C
H O A X C K A S E L I N H
T C R Y A T I D S B F I B
O C U I N D R R A Y K A A
G I D A N U E R K U B W W
M O L Z H O A I R U H A L
K R E R B Q C S C O K R T
S G Z C L W K O M I J I D
```

◊ ABYSSINIA　　◊ KIRKUK

◊ ACCRA　　◊ KODIAK

◊ AFRICA　　◊ KURSK

◊ ALBANIA　　◊ OHIO

◊ ANTARCTICA　　◊ OPORTO

◊ ARABIA　　◊ ORINOCO

◊ ARGENTINA　　◊ RUHR

◊ COGNAC　　◊ TIBET

◊ GOTHENBURG　　◊ WICKLOW

```
E H P O R T S A T A C W O
N R L P W C C K E E X O T
L E E O S K Z B H B T E E
I A L N H C T I H L A S C
I B W V R R S H F R A N T
N I Z M T O A E N D S D E
S S E M B S C A D R W S N
D I R E S T R A I T S G S
T Q A L Z T V L E K L S I
W T E R P I A L A O D Q O
A H L R V E K E O I S R N
Y O E A D C L M Q R L K R
R L Z W I B L I G H T B R
S E A P L R N O W A U L H
L R E T A W T O H W E L B
```

◊ BANE　　◊ HITCH

◊ BLEAK　　◊ HOLE

◊ BLIGHT　　◊ HOT WATER

◊ BLOW　　◊ MESS

◊ CATASTROPHE　　◊ PICKLE

◊ CORNER　　◊ RAW DEAL

◊ DIRE STRAITS　　◊ TENSION

◊ GLOOM　　◊ TRIAL

◊ HASSLE　　◊ WOES

◊ ANDAL

◊ ARYA

◊ BRAN

◊ CERSEI

◊ DORNE

◊ DOTHRAKI

◊ ESSOS

◊ FIELD OF FIRE

◊ IRON FLEET

◊ NYMERIA

◊ RAINWOOD

◊ RAMSAY

◊ ROOSE

◊ SANSA

◊ STARK

◊ TOMMEN

◊ TYRION

◊ WESTEROS

```
A D U T E E L F N O R I F
Q E H T X N F L Y Q D K G
U D N G L C I D S Q X H N
G S W E S T E R O S U T W
Y I A E M Z L R S R W Y N
Z K F N J M D E S C N O J
N A R B S R O L E E I E M
U A A A V A F T N R I K I
T A I E T M F N Y I E K X
Y H N R H S I T M O A D M
A Y W D E N R C T R O B L
S I O H A M E R H E Y Z Y
M C O H R L Y T N F H E L
A P D Q D A O N A R Y A E
R O O S E D M C N H D T H
```

◊ BARON

◊ CORONATION

◊ COUNTESS

◊ CROWN

◊ DUKE

◊ DYNASTY

◊ EARL

◊ LAIRD

◊ MAJESTY

◊ MARQUIS

◊ NOBLES

◊ PRINCE

◊ RANK

◊ REALM

◊ RULER

◊ STATELY

◊ TITLE

◊ WEALTH

```
L K D H S S E T N U O C A
N T U J T I C D R I A L G
W R K O A H U H A U O Q X
O Y E S T N E Q V S L K A
R M A J E S T Y R N N E O
C L L D L K S O O A I N R
O P M S Y Y S I R W M B N
B R E L I N T E C N I R P
B A G R A A A X Y H T N H
I D R P N E L S O E H Q T
S M Z O E O R J T E A R L
A W R Y N B B B C Y R J A
H O E L T I T L L O W L E
C Z T A N C D S E A I W W
R N T I I E Y O U S D L L
```

```
A N C I O A S H H A E N K
I E M J P A S T A R S D M
L E W E D I R O L H C R X
L R R H L N O D B E E A O
A C B O T D S L I L J D F
H S P L E R E L R A Z N G
R L I L D I N J B D M A L
E T A C I F I T R E C T I
T V E D D I M G R M E S Q
A O S M O F B T Q Q R C C
T A N N I V E R S A R Y H
W D N G Z E R D P W R R D
M C L M U L P V O G O D I
A S O L D E R E O M E R S
V T I U O T S D N L S E D
```

◊ ANNIVERSARY   ◊ PERCH

◊ BEECH   ◊ POLISH

◊ CERTIFICATE   ◊ SCREEN

◊ CHLORIDE   ◊ SOLDER

◊ FIR   ◊ SPOON

◊ FOX   ◊ STANDARD

◊ IODIDE   ◊ STARS

◊ MEDAL   ◊ SWORD

◊ MINES   ◊ TONGUE

```
C G H Z I D M S V S Q Z G
M C E N O H P E L E T F G
A R A T V P I L U U Y E M
R N X L Z K A Q C N G R Y
E E S J L I L B U N N M E
T K I W R U H A A E R T O
T Y X M E K P H T O A W S
E F A E K R C S F C B A J
L I D T A X I N I O U U R
L T D I E L I N J N X D G
L O R R P X U H M V A S T
X N E W S M U T E E R G N
G Z S Q M C O C O R C J T
K N S O H E R U T S E G Z
S I C X N P F V N E D U S
```

◊ ADDRESS   ◊ INFORM

◊ AIRMAIL   ◊ LETTER

◊ ANSWER   ◊ LISTEN

◊ CALL UP   ◊ NOTIFY

◊ COMMUNICATE   ◊ SPEAK

◊ CONVERSE   ◊ TALK

◊ EXCHANGE   ◊ TELEPHONE

◊ GESTURE   ◊ TEXT

◊ GREET   ◊ WRITE

201 INVENTIONS

- ASPIRIN
- BUBBLE GUM
- CAMERA
- CEMENT
- CLOCK
- COMPASS
- FLASHLIGHT
- GAS MASK
- LASER
- MOTOR CAR
- PERISCOPE
- PLASTIC
- RADIO
- REVOLVER
- TELEPHONE
- VELCRO
- VINYL
- WHEEL

```
A E N O H P E L E T K N A
U X T J C I N U U F S P C
O R C L E V G Z U T A E K
L E O R A D I O E U M J S
X C P B A M C W J E S S F
K J R O O C H A N H A S L
B W E N C E R T M P G P A
U E V U E S S O M E L T S
B O O L I O I O T A R J H
B I L O L W C R S O R A L
L I V V T D B T E E M A I
E A E I T N I R I P S A G
G C R Y N C S B O E M O H
U D N I N Y D R R B M L T
M Y K L E B L Q D Z C S B
```

202 DRUIDS

- AMAETHON
- ARIANRHOD
- CELTIC
- CEREMONY
- GROVES
- HOLLY
- INCANTATION
- LUGH
- MAGIC
- OTHERWORLD
- POETS
- RITUALS
- SACRED
- SAMHAIN
- SECRETS
- STORIES
- TEMPLE
- WISDOM

```
L S K L N N P S D R G W S
A T E F E E N E N F A T J
S L R I F D R C A M E M H
S D R J R C X R A O M O L
K O N C A O S E P R L U T
N H O S M A T T W L G W D
U R I H M H O S Y H T L I
E N T H O Y N O M E R E C
L A A N H N G O C O I N W
L I T M O D S I W G T X C
N R N W Y A G R R Y U T E
W A A D S A E O X G A E L
K T C V M H V N T S L V T
S R N T T E M P L E S O I
Q J I O S L E Y Q E D J C
```

LAKES

```
A R K D G C Z O K N T A Y
K G C F O U S O F M E E N
I G O N R W E R U S E I K
Y Q E I X U E P N S A E O
N G C T F R J A M R A S S
A H F K I E I E T U F Q S
G L I E D P I R G J G O O
N G I G S H A A E R Y E U
A A L A C H R A O X O K J
T T C W C A U U M A O E K
Z U S T C G D K N I H O G
V N N I A E S L A R A I A
A O N B Q P T C E D G S R
P A T O S N K O J C N E D
T C I C N A R I O D I J A
```

◊ ARAL SEA
◊ CASPIAN SEA
◊ CHIEMSEE
◊ DOIRAN
◊ ERIE
◊ EYRE
◊ GARDA
◊ GATUN
◊ GEORGE
◊ KOSSOU
◊ NICARAGUA
◊ ONEGA
◊ PATOS
◊ PONT-CHARTRAIN
◊ RWERU
◊ SAIMAA
◊ TANGANYIKA
◊ ZURICH

FUN AT THE FAIR

```
E B K S C J C B S C X M F
Q T R G I N M O I L A Q W
O U W N S F U D V E I H V
D N H I U R S Q R J S D S
L N O W M T E C T I E T E
O E T S M C E Z F C R R Z
T L D Z P C O D T A Y H I
S O O C I K L C D L O G R
O F G N R O C P O P A P P
F L C E G K Q H Y N O W B
F O E R M B F Q O R U R B
U V Y Z O H O B Z O V T K
N E X I A W E A D J P J S
A V J S R M D W T Z C L D
R P I R A T E S H I P H A
```

◊ COCONUTS
◊ CROWDS
◊ DARTS
◊ GOLDFISH
◊ HOOPLA
◊ HOT DOG
◊ ICE CREAM
◊ LONGBOAT
◊ LOTS OF FUN
◊ MAZE
◊ MUSIC
◊ PIRATE SHIP
◊ POPCORN
◊ PRIZES
◊ SLIDE
◊ SWINGS
◊ TUNNEL OF LOVE
◊ WALTZER

205 SAILING

- ABAFT
- ANCHOR
- BELOW
- CATAMARAN
- EBBING
- FOREDECK
- GALLEY
- GANGWAY
- HULL
- KEEL
- LIFE JACKET
- MAST
- NAVIGATION
- REEF
- SPRAY
- STARBOARD
- SURF
- WASH

```
T T J N I J K S D L F K Z
N R S O B S Q C Q U C E T
C A T A M A R A N E N E A
M P N N M F W E D F E L D
T V K C O X I E E N E G X
S E S O H I R C Q F K A P
W I K S T O T E B B I N G
J L A C F I R A D P L G A
I W T Y A R P S G J X W L
K O N G B J H U Y I O A L
V L J R A E E R W R V Y E
I L W B B B L F U F B A Y
Q U J C C D R O I T D R N
Y H U M N M O V W L P W N
F W D R A O B R A T S T S
```

206 HALF WORDS

- BACK
- BATH
- BROTHER
- COCKED
- HARDY
- HEARTED
- HOUR
- LIFE
- MAST
- MILE
- MOON
- NELSON
- PAST
- RATIONS
- SPEED
- TIME
- TONE
- TRUTH

```
F I F E H P H E H U W K W
U O M T P T O N L S M C Q
L I K S D G F Y S D W A M
T M N A E H A R N E S B O
D R D M E Y D Z O O T W Y
Z N U P P R E U I H O R T
D G E T S E K C T L N M T
E P T A H B C K A K E I X
T K L D J C O N R H R L I
R Q F I T Y C Z O E O E P
A R H P F S R H H S J U T
E Q J I X E A T L T L D R
H T A O A P O P Q X A E U
I C J Y D R A H A G S B N
H M N Z B Z N R M X P H K
```

WEIGHTS AND MEASURES

```
F M A R D I N T X M A U Q
O L A N I A R G I L K I B
O D L F D A U L N E H B M
T M P I U T E O N J D R D
A H T Q G A L L O N E X C
N B V W T N T S K H K P O
D F U E W I O L T R E E O
B K B C N B E L P O F T K
U B R C H A L D R O N C E
S B H R G A E F W U R E R
H Y O U D C I C E K F C C
E A E N I U E N M E M V O
L R M B G G B R C Y I W S
E D E I L L D E C V O L T
T L I Q R B T I O A K C P
```

◊ ACRE   ◊ GRAIN

◊ BUSHEL   ◊ INCH

◊ CHAIN   ◊ LEAGUE

◊ CHALDRON   ◊ MILE

◊ DECIBEL   ◊ QUART

◊ DRAM   ◊ STONE

◊ FURLONG   ◊ THERM

◊ GALLON   ◊ VOLT

◊ GILL   ◊ YARD

OPPOSITES

```
D Z E M R E D L O W M E E
M X G L A T L T H G I R B
D Z N T W S N J Z S O O G
D I I E S T C K E F D N E
L E V B L A F U E Z I N A
A L I I O R E B L V T F S
C S E S D T M Z I I T S T
I R C N S E I G E E N F N
T E E O X R N D R P I E A
R G R K R E I V U N A M T
E N S S A T N L I D I O S
V U L R R S E S C Z A I I
D O B O Q A H P K I L R D
J Y L A T N O Z I R O H K
Y L P I T L U M O R S E I
```

◊ AFTER   ◊ FINISH

◊ BEFORE   ◊ START

◊ BRIGHT   ◊ GIVING

◊ DARK   ◊ RECEIVING

◊ DISTANT   ◊ HORIZONTAL

◊ NEARBY   ◊ VERTICAL

◊ DIVIDE   ◊ OLDER

◊ MULTIPLY   ◊ YOUNGER

◊ FEMININE

◊ MASCULINE

GRASSES

- BAMBOO
- BEARD
- BENT
- BROME
- CANE
- CORN
- DOG'S TAIL
- FESCUE
- KNOT
- MAIZE
- MILLET
- MOOR
- OATS
- QUAKING
- RATTAN
- SWITCH
- TIMOTHY
- WHEAT

```
X W L A M Y P R W E K H Q
Q U A K I N G L Z M H C H
M C W E L G I I I O N T I
O O M N L I A T B A J I T
S O Z T E M A C T W I W V
S L B T T E G T O A T S T
P L O M H E A H S K C N C
Y N E W A R U T P G E B E
K H R M N B G C B B O J E
C P T O C R S E S U T D N
I F X O B D A S K E R K M
C O B R M R A E K R F U U
J O T V D I N D S C D C A
S Z R J Q A T U E M O R B
O D F N C Z V U Y U X D X
```

EARTH WORDS

- ALMOND
- BOARD
- BORN
- BRED
- CLOSET
- DIATOMA-CEOUS
- DOWN TO
- GODDESS
- MOTHER
- NUTS
- POTTER'S
- QUAKE
- RARE
- SHAKING
- SHINE
- SIGN
- STAR
- WORK

```
K R O W S I H T J Z R N D
X P U V T X Z K Q F J R K
N O T K U E F R Y P I O R
E G C A N P B S Z W A B S
T G I I Y G O R W D Q X U
G Q H S G S X T O I Q M O
Z S P R Q W R W T D P F E
P S D E R B N L N E Q K C
G E R A R T A O W U R S A
T D M S O C M M A D Z S M
E D A T M L B K V J Z N O
J O O A A O E E V E O Y T
F G N R A S H A K I N G A
I U V R R E H T O M A N I
U W D O H T W B R G T F D
```

```
P R L E J Y L A N R U O J
P G A Y N Y R Z Z T W O D
T R B B E V Y A C Y T C R
S E E E L P E S I M Z J A
I E L S X N I L G D E B C
L T S Q C A W C O I R G S
O I F M U R M U E P H L A
D N R E C E I P T R E X M
O G B L B D M P A T F G T
T P M Y P N D R T P O P S
G A T T F I G E Z I E G I
L G B L N M R N S O O R R
X L L I W E H N C C X N H
J R E P O R T A V Q T K C
J V Q E Q G A B E S S A Y
```

◊ BANNER

◊ CHRISTMAS CARD

◊ DIARY

◊ ENVELOPE

◊ ESSAY

◊ EXAM PAPER

◊ GIFT TAG

◊ GREETING

◊ JOURNAL

◊ LABELS

◊ LETTER

◊ PRESCRIPTION

◊ RECEIPT

◊ RECIPE

◊ REMINDER

◊ REPORT

◊ TO-DO LIST

◊ WILL

```
Z X B D V D P L A Y E R P
D A P L O R T N O C A R P
E K T T E T H X J L T E Z
I N E S P N J E A J C H O
E L O L N A D R Q O N S O
B L M H C A M E M T T A O
L C E K P C G P R A O W S
O O E V L E U I H O E H H
U T I O A T L X D C I S L
S D C D E T X E D R E I X
E K P R A C O T T E A D M
C C M Z Z R W R R V K C Z
M I C R O W A V E O V E N
J U K E B O X C A M E R A
R E N A E L C M U U C A V
```

◊ ALARM CLOCK

◊ BLENDER

◊ BLOUSE

◊ CAMERA

◊ CARDIGAN

◊ COMPUTER

◊ CONTROL PAD

◊ DISHWASHER

◊ DVD PLAYER

◊ ELEVATOR

◊ JACKET

◊ JUKEBOX

◊ MICROWAVE OVEN

◊ OVERCOAT

◊ RADIO

◊ SHIRT

◊ TELEPHONE

◊ VACUUM CLEANER

213   SIXTIES MUSICIANS

- ANIMALS
- BEACH BOYS
- BEATLES
- BYRDS
- CHER
- DIANA ROSS
- ELVIS
- HOLLIES
- KINKS
- LULU
- MELANIE
- MILLIE
- OSMONDS
- SANTANA
- SEEKERS
- SHADOWS
- STATUS QUO
- THE WHO

```
V T O F S I E I A X F W L
K L T J N D N I E N S E A
O N M Q Y L N R L E S Z O
G H B F E T S O E L S S Z
O Z W L S D X K M S I C A
U I V E R W E U O S O M N
Q I S Y H R O R E Y O A I
S X B E S T A D E O I L M
U A A S L N M B A B F I A
T I L U A T Z E M H S F L
A C L I K N A D L C S S S
T U D K H I T E Q A H J G
S I H E B T N A B E N E Y
S E I L L O H K N B V I R
K A W S J R U L S A A Q E
```

214   CHEESES

- AIRAG
- ALVERCA
- BANDEL
- CERNEY
- COOLEA
- DUNLOP
- EDAM
- EMLETT
- FETA
- FRIESIAN
- GRUYERE
- PARMESAN
- TEIFI
- TYNING
- VENACO
- WENSLEYDALE
- XYNOTYRO
- YARG

```
X E O J N C S L A P U G H
T J O R Y T O N Y X X N H
E S M T I E F O U L Z I D
U L K A E X N E L J X N U
V G A U D I R R N E B Y N
D Z L D V E F A E N A T L
M Y V F Y D S I A C P T O
V A E U I E G L H R T G P
T R R O M K L G N E Q G L
V G C R O O L S L D A X S
O I A B C Q W M N R Q L O
M P B A N D E L I E U T A
K E M B L E I A N N W T Y
D V E N A C O G C P E D Y
N A I S E I R F T F M Y R
```

```
Y D T N A S I A L P M O C
S U O E T R U O C Z E I L
U A O B L I G I N G T L A
N Y X Q O W E I S A M A I
V A F B K H N R M J A I T
L U F T C A T O M G L N N
A I H H N H L S U A V E E
D R D I T P E B O L G G R
Y E U E I N M L D I I A E
L F T D R M A S B G A N F
I I I I S B N L W A A P E
K N F I L C L Q L B I X D
E E U E G O Y L R A U M P
N D L F W T P U E R G L A
E V I T I S N E S W P F T
```

◇ AMIABLE   ◇ LADYLIKE

◇ COMPLAISANT   ◇ OBLIGING

◇ COURTEOUS   ◇ POLITE

◇ DEFERENTIAL   ◇ REFINED

◇ DIPLOMATIC   ◇ SENSITIVE

◇ DUTIFUL   ◇ SUAVE

◇ GALLANT   ◇ TACTFUL

◇ GENIAL   ◇ URBANE

◇ GENTLEMANLY   ◇ WELL-BRED

```
R Y T K N E L I S S I M A
E A C T R O B E C R E E S
L R P A R O M U G X P T R
S T X I N E O Z L D I O A
O R W A E M B F L L U J S
O U R C J R H U E I E C D
G N R E K T H T C E T T R
L C F A E Y T A D H X T E
X H D K E O Z A R T E N B
X E C I U P G D G P Y T L
J O A V Q G S Y R Y O F A
R N D E E R E Z T I W O H
L G M R Q F S L N A O Q N
D R O W S N N J A R R O W
M E L F I R E V O L V E R
```

◇ ARROW   ◇ RAPIER

◇ BULLET   ◇ REVOLVER

◇ CUDGEL   ◇ RIFLE

◇ DAGGER   ◇ ROCKET

◇ HALBERD   ◇ SPEAR

◇ HARPOON   ◇ STILETTO

◇ H-BOMB   ◇ SWORD

◇ HOWITZER   ◇ TREBUCHET

◇ MISSILE   ◇ TRUNCHEON

◊ BLACKTAIL   ◊ OXTAIL

◊ BOBTAIL   ◊ PIGTAIL

◊ BRISTLETAIL   ◊ PINTAIL

◊ COATTAIL   ◊ RAT-TAIL

◊ CURTAIL   ◊ RETAIL

◊ DETAIL   ◊ SPRINGTAIL

◊ DOVETAIL   ◊ SWALLOWTAIL

◊ ENTAIL   ◊ TURN TAIL

◊ FANTAIL   ◊ WAGTAIL

```
W A G T A I L V D F A I L
L R L I A T I K O A C I L
A E N A D R A U V N O L B
S T B R I S T L E T A I L
W A L O E I E Z T A T A I
A I D I B H D E A I T T A
L L B R A T I M I L A T T
L L A J A T A X L P I A L
O M I I P K N I Y I L R I
W L I A T X O E L G T L A
T U R N T A I L M T O I T
A V M T F R Q A D A R A N
I T A I L P U I C I L T I
L H L I A T K C A L B K P
V I S P R I N G T A I L D
```

◊ BABEL   ◊ BLEW

◊ BANANA   ◊ BOISTEROUS

◊ BATCH   ◊ BOWLER

◊ BELIZE   ◊ BRANCH

◊ BELLIGERENT   ◊ BRING

◊ BELOW   ◊ BRONZE

◊ BINOCULARS   ◊ BULB

◊ BIRCH   ◊ BUNCH

◊ BISHOP   ◊ BYGONE

```
B H B R E I B I U E L G B
A C B O B T A N A N A B X
Y N E U F B A B E L K Y F
S U L B E L I Z E N S G B
U B L B L E N W T B Y O G
O U I E B O E A O B W N I
R B G D R S T R M L I E W
E K E B R A B L E R E E N
T P R L E B L R B E L B H
S G E H C R I B N B D C B
I I N P B Q N S K S T D R
O E T B E B B B H H A B E A
B B I C E A E E B O H F N
K J H S B A S G U C P A C
B C B I N O C U L A R S H
```

```
W H A W D P W E S L D U F
C A B I N E T E M T P U P
Q K L J D Y O S A I J D S
M A Y O N I W S R L R S Y
T N O I T A N E R G T C I
B U A K U X S R I K A H R
F V D V T P Z P M R S O A
S C Y A Y O E I C T W O J
A N T H E M N O R H V L H
P L I J H I T O P S K S T
E C J A N U P T S L X G L
F P Y G L X D G V J E M A
X A C P E P D D C T J Q E
N O I G I L E R N H D C H
P O M E R U T A R E T I L
```

- ANTHEM
- CABINET
- CRIME
- EXPORTS
- HEALTH
- LAW
- LITERATURE
- MINING
- NATION
- NAVY
- PEOPLE
- PLAINS
- PLUTOCRACY
- PRESS
- RELIGION
- SCHOOLS
- TOWNS
- WEALTH

```
F I E Y Q P H G Y P C O R
H A N Y R Z M M O O L M L
S A Z O S W D G L M A I I
I K I L K E E L N E U R S
L E Y B W O V N U R D T E
G C R A N A G H D O Y N L
E R A N O T N I F Y N A O
J G O G O K T B I I R H H
O A P O Q W O Q S E U W D
W R A R M I V K C A D A N
H V O E G S I R R G Y Q A
K A K S R L P M S D K E S
T G U E L L A O A D O W N
W H E E U G I E R Z T O C
Q X N S H F K K V T J S I
```

- ANTRIM
- ARMAGH
- BANGOR
- CLAUDY
- CRANAGH
- DOWN
- DUNLOY
- EGLISH
- ENNISKILLEN
- FINTONA
- GARVAGH
- GROOMSPORT
- KEADY
- KILKEEL
- KILREA
- NEWRY
- POMEROY
- SANDHOLES

ALICE IN WONDERLAND

◊ ALICE   ◊ GRYPHON

◊ COOK   ◊ LORY

◊ CROQUET   ◊ MARY ANN

◊ DINAH   ◊ MUSHROOM

◊ DODO   ◊ PEPPER

◊ DORMOUSE   ◊ RED KING

◊ DREAM   ◊ ROSES

◊ DUCHESS   ◊ WALRUS

◊ EAT ME   ◊ WHITE RABBIT

```
T P M B T P F C Q C E G A
V I I G N I K D E R E E E
J L B D E L D N D C I A L
W D E B R S Q U I I T G D
N A D L A E U L C M N I L
N N L N R R A O E H E A E
M I A R I R E M M O E K H
M O A Y U R J T B R G S T
K O O C R S E R I R O E S
S Y X R I A E I Y H U D G
V D G D H P M P R Q W D E
L N Z K P S H J O L Q M M
O I L E K O U R S D O D O
R N P O N T C M E F I Z I
Y O F X D T X D S K H U D
```

NOISY

◊ BANG   ◊ HOWL

◊ CHIME   ◊ KNOCK

◊ CHIRRUP   ◊ SQUEAL

◊ CRACK   ◊ THUD

◊ CREAK   ◊ TRUMPETING

◊ DRUMMING   ◊ TUMULT

◊ ECHO   ◊ WHAM

◊ HISS   ◊ WHINE

◊ HONK   ◊ YOWL

```
L U H G K S V L U D T C Z
W A H A N Y H Y G B S L L
O X E C K A E V T S Z K C
Y R W U Z O B N I N H C O
C G G E Q B N H I W D O Q
G H Z W J S K N B H C N N
B N H F M D K G C A W K S
D T I B W G R F H M P C G
R U I T P K F U I H Y A Q
U M H D E U H G M S I R L
R U J T F P R W E M V C K
M L L W N Z M R U J I N R
W T W C V M S U I T O N W
R W O R Z E A O R H D H G
A O H C E T R I V T C Z T
```

```
T P C E R O X C L N R N R
D T A Z Z V D W A R T S T
L S T C S I W A Q O P N S
Z S E A N E A V K C L T J
U U R L V O R M D I I E A
X N P H Y S M N F L M R S
I F I A P U L E D A T I M
T L L N U B Z E L C D S I
Y O L S E N G B Z D S L N
D W A A O R V A L Q W J E
L E R R A T E N A M B E R
F R B I A Q G A X E I N Y
L N N W R U K N A P L E S
A T N H T I T A N I U M M
X Y D A F F O D I L I E A
```

◊ AMBER	◊ LEMON
◊ BANANA	◊ MAIZE
◊ BRONZE	◊ MIKADO
◊ CATERPILLAR	◊ NAPLES
◊ CORN	◊ STIL DE GRAIN
◊ DAFFODIL	◊ STRAW
◊ FLAX	◊ SUNFLOWER
◊ HANSA	◊ TAWNY
◊ JASMINE	◊ TITANIUM

```
Q N T C N F D S J Y S Z D
A L E E Z K W C W I Y D A
U O L D K R Y V E O B G B
T O L I S N W V T I F W Q
T T A C N H E S C W H V T
N G M I P A O Y T E I W W
E N U T O A C V E R L N Y
M I N N D L R L E S I Q E
E G X E E U B T I L S N S
C D H D P A T O E O Q A G
F E X O R B S C E S C M S
O F V R G T E V H K U P W
G U O I A T E L S H A O H
A W U R E D D A L D O R M
B N I F K W W O E Q N E H
```

◊ BAG OF CEMENT	◊ RAKE
◊ BICYCLE	◊ RODENTICIDE
◊ DUTCH HOE	◊ SACKS
◊ EDGING TOOL	◊ SHOVEL
◊ FORK	◊ SIEVE
◊ LADDER	◊ SPADE
◊ MALLET	◊ STRING
◊ MOUSETRAP	◊ TWINE
◊ OILCAN	◊ WHEEL-BARROW

225   SAINTS

◊ ANSCHAR   ◊ DUNSTAN

◊ ANTHONY   ◊ HILARY

◊ APOLLINARIS   ◊ HYACINTHE

◊ ASAPH   ◊ IGNATIUS

◊ BARBE   ◊ JEROME

◊ BARTHOLOMEW   ◊ MAURUS

◊ BENEDICT   ◊ MONICA

◊ CLARA   ◊ THOMAS

◊ DAVID   ◊ WILLIAM

```
Q F N W B C G P Y D O L S
A T C L A R A K V T A E J
W C P F R K D U N S T A N
W I I R T W C J A I N N J
H D Q N H W I P O R R S E
Y E T U O M H L Y A H C W
A N G H L M Q J L N I H D
C E Y N O H T N A I L A A
I B C O M M E E G L A R V
N R M Z E H A N M L R M I
T A A B W P A S C O Y Y D
H S U J A T M Z D P R J S
E E R L I R G Z N A B E R
X K U U U M B D V M P B J
H H S Z B R E E Y V O Z X
```

226   DELIVERY SERVICE

◊ ADDRESS   ◊ NETWORK

◊ AIRLINE   ◊ PACKAGE

◊ BUSINESS   ◊ POSTAL

◊ CARRIAGE   ◊ PRODUCTS

◊ DOOR-TO-DOOR   ◊ ROADS

◊ DRIVER   ◊ SIGNATURE

◊ EXPRESS   ◊ STORES

◊ GOODS   ◊ TRUCK

◊ INSURANCE   ◊ VANS

```
K N S J B T U O Z E S S D
L A T S O P R F G S T S T
S U T L I P R A P S C E T
P N S R L G I E R E U R L
T I A E U R N P V N D P U
N N K V R C D A N I O X K
I S E A Z O K X T S R E R
S U C R I U T P S U P D O
U R W I S A A S S B R W W
G A R R R C R E E S T E T
Z N A O K I A I R L I N E
M C I A F A S F D D Y W N
Q E G D Y I E S D O O G E
B E F S N E Q Y A D Z X B
Y J D O O R T O D O O R E
```

FRACTIONS

```
E E C O M P A R E H Q D M
N O I T C A R F T J I R U
U Z L D O Q Z N H V E L L
O N T I A I E S I D B R T
H T F I F V T D R D A H I
H N T D E F E O D G H T P
F T U L I D Y J L T R F L
T L E M C D X U N E O L E
X D O I E I V I T C L E C
J E N O T R N R Y B Z W X
M C H T D N A S U O H T I
H I X J G U E T H E X K X
I M X N Q R E W O A N C D
E A B E L G E T T R L Q R
Y L S B D I C R E Y C F T
```

◊ COMPARE ◊ NINTH

◊ DECIMAL ◊ NUMERATOR

◊ DIVIDED ◊ ORDER

◊ ELEVENTH ◊ QUARTER

◊ FIFTH ◊ THIRD

◊ FRACTION ◊ THOUSANDTH

◊ HALF ◊ TWELFTH

◊ MIXED ◊ TWENTIETH

◊ MULTIPLE ◊ VULGAR

BIG START

```
B I G I A L G I B L T T T
Y S W L A B I G H A F O H
S R B I G H E A D E D O T
B J O B I G T S E D A F U
I B E E Q E N R Y G B G O
G B I G H A N D E I E I M
T B I G O T R Y G B W B G
O I I M B V G H I H G B I
P V B G E E E N B E E I B
B I I D H A N O A E M G B
B D G Y R A B I G B A N D
K C I T S G I B E A G O G
O P E T B K D R G M G I I
F D B I G H O R N I I S B
B I G X R G U E D L B E T
```

◊ BIG BAND ◊ BIG MOUTH

◊ BIG BANG THEORY ◊ BIG NOISE

◊ BIG BEN ◊ BIG STICK

◊ BIG BERTHA ◊ BIG TOP

◊ BIG DEAL ◊ BIG-EYED

◊ BIG GAME ◊ BIGFOOT

◊ BIG HAIR ◊ BIG-HEADED

◊ BIG HAND ◊ BIG-HEARTED

◊ BIG HORN ◊ BIGOTRY

HOUSE WORDS

◇ CLEANER
◇ OF COMMONS

◇ COAT
◇ PARTY

◇ FLY
◇ PLANT

◇ HOLD
◇ RULES

◇ HUSBAND
◇ SNAKE

◇ LEEK
◇ SPARROW

◇ MAID
◇ TRAINED

◇ MARTIN
◇ WIFE

◇ MASTER
◇ WORK

```
M K Y R T M M K X Y J X W
R L N E L R Y T R A P R C
F U L N E M R A K O E H H
N K L A E T A O S E W F L
H P A E K T R C S E T O Z
D D N L S G E F V R F D H
O B P C P U K U A P Z I Y
F I O R H X A I Z Z U X W
C H D E E A N T L S U D N
O R U T F E S D L P R I A
M K G S D G F P H A T A D
M R M A B Z L B K R S N I
O A K M O A W O A R E S A
N W H J N X N M W O N S M
S B Q T H O L D A W H I Z
```

---

230 **FAMOUS BUILDINGS AND MONUMENTS**

◇ BAUHAUS
◇ LA SCALA

◇ CASA MILA
◇ NOTRE DAME

◇ CITYSPIRE
◇ PARTHENON

◇ CN TOWER
◇ PYRAMIDS

◇ FLATIRON
◇ TAJ MAHAL

◇ HILL HOUSE
◇ THE LOUVRE

◇ HOMEWOOD
◇ THE SHARD

◇ KINKAKU
◇ TIKAL

◇ KREMLIN
◇ UXMAL

```
C T H E L O U V R E K G X
U A G Q N Z C K P L H A U
V K S C P O P K A D L L R
L T U A G J T U T K V S T
Y A A G M F Y R R G N D K
E P H Y X I K R E M L I N
U L U A I H L Q W D Z H K
X O A I M A X A O P A O T
M R B K S J X P T Y N M H
A K E C I B A Z N R J E E
L G A M Q T Z T C A R W S
F L A T I R O N C M D O H
A R E R I P S Y T I C O A
P A R T H E N O N D H D R
E Z H I L L H O U S E G D
```

SKI RESORTS

```
A Y P R T U I L E I I J S
R T R I I G R L Y V E T F
I D L T O I O O K L S F A
N V D T S J T S A G I E O
S R Q C E A L C A O T S A
A T H S R E O D B U R S O
L G B D P R N E P Q O D T
L G A L T U R T E P T E I
J I A I W G T L A D M I V
E N N L U Z L S S A A A L
L A I R T M A L P Y R N D
L J G H A A L G E S V X N
E L Z U O O N I N L I J A
C N G R E B H C R I K C R
H E G D I R N E K C E R B
```

◊ ALTA

◊ ARINSAL

◊ ASPEN

◊ BOHINJ

◊ BRAND

◊ BRECKEN-RIDGE

◊ CORTINA

◊ ELLMAU

◊ GALTUR

◊ GOSAU

◊ IGLS

◊ ISCHGL

◊ KIRCHBERG

◊ LECH

◊ OBERGURGL

◊ ORTISEI

◊ SOLL

◊ VARS

DOUBLE O

```
U O O L U O R O O W Z N O
S O O A R O E S L U O P O
A F T E R N O O N Q R O C
B B C O F E S T O O N F L
C P A O O E O F O O O F O
L O L N I O U F O U H W W
O H O D D N G S D D X O S
O T S L J I E L O O U O B
O O K Y E L C O O K O A O
E E O I O D H O W O L G O
O T O F L N S D O L H O O
O O B M A B R O R T R C I
U M U M P O M O O L G A S
E W O O D Y O V Y O O L N
O O H G G M I D E T O O B
```

◊ AFTERNOON

◊ BALLROOM

◊ BAMBOO

◊ BANDICOOT

◊ BOOKS

◊ BOOTED

◊ COOLED

◊ FESTOON

◊ GLOOM

◊ GOOD

◊ MANHOOD

◊ NOOSE

◊ PROOF

◊ SCHOOL

◊ SWOONS

◊ VOODOO

◊ WOODY

◊ WOOL

◊ BRUSH
◊ PUMICE
◊ CLEANSER
◊ SANITARY
◊ GRIME
◊ SOAK
◊ HOT WATER
◊ SODA
◊ LATHER
◊ SPOTLESS
◊ MOPS
◊ SPRAY
◊ PINAFORE
◊ SUDS
◊ PLUNGER
◊ TOWEL
◊ POLISH
◊ WIPES

```
X I T R I R I Z P I Y Q X
J R I P E S J S E O A F R
R E A H E R T T R J J R E
Q T T P N U Z J O A A I S
F A I O J P L W F D Y L N
L W M M W N O N A O I Q A
T T O X S E L L N S K C E
Y O P Q M P L O I E U M L
U H S S E L T O P S I D C
S N O V H R G L N R H D S
N G T S Y R U A G P B K G
U V U P D N K P U M I C E
F R X D G A Y A R P S R E
B L N E O O U S J V D C S
H F R S Y R A T I N A S T
```

◊ ANGRY
◊ OLIVE
◊ ANGST
◊ PENGUIN
◊ ASPIRIN
◊ PIZZA
◊ BACHELOR
◊ SANDWICH
◊ CITRUS
◊ SHADOW
◊ DANGEROUS
◊ SIXTH
◊ HOSTAGE
◊ TRANSFER
◊ LAUNDRY
◊ WOLF
◊ MONTH
◊ WOMAN

```
P R A Y H R O N B P C H H
T E O Y Z R F L K A T M E
G A N G R Y X Y I N I U I
B B Q G T D J P O V K I H
H W A D U S N M B R E C J
O C Z C A I V U E Q I S U
S V Z N H A N F A W Z U B
T S I A N E S B D L W O Y
A U P G S N L N T J A R L
G R S H A H A O W Z M E W
E T F R T S A O R O M G W
Q I T B Z X K D W O M N W
V C E K D K I R O V Y A E
A S P I R I N S L W S D N
I C M E N T H D F Q Y B Q
```

```
E O H R B C L A A I M E L
D L D E K H Q A M Z N K U
I A A E G C R N K A D I G
V R T A L K E R D E Z L O
I B N T Y I N C H C S A M
D A I M R E V S H A L K A
R R R M Z A A E M M G N D
E R D E F W C D R S N I X
B I E D N S N T G E O H C
M E H U R A I O O Y R T X
U R N H R B O R Y R T S U
N R A G A G H G A T N D N
M E S L L A F I L H U N C
Y E L L A V T F I R A I L
D F M H E I K Q T P N M E
```

◊ ATTRACTOR

◊ AUNT

◊ BARRIER REEF

◊ BEAR

◊ DANE

◊ DELIVERER

◊ DIVIDE

◊ FALLS

◊ GRANDMA

◊ LAKES

◊ MINDS THINK ALIKE

◊ MOGUL

◊ NUMBER

◊ RIFT VALLEY

◊ SANHEDRIN

◊ TALKER

◊ UNCLE

◊ UNWASHED

```
Z Y L S U O L A E Z R Z Z
Y E A V L B E R G A Z R Z
L A N O Z I I E I G O L Z
Z D Y M T A R U G G I Z O
G Z Y K Z Z N L Z Z S U D
Z E I G D K Y T O I W V I
H E E N O I L G A B A Z A
N B B D N L T Z O C E Z C
Z Z A R H I O Z N T A E A
V T H W A C A O I N E N L
M U I N O C R I Z L E I L
Z O M B I E Z I A F C T M
R A E P Z K B I D Z O H R
G B E L F A K H N H S I M
Z A Z W R G O Z E C M G Z
```

◊ ZABAGLIONE

◊ ZAGREB

◊ ZAIRE

◊ ZANTAC

◊ ZANZIBAR

◊ ZEALOUSLY

◊ ZEBRA

◊ ZENITH

◊ ZIGGURAT

◊ ZILCH

◊ ZINC

◊ ZINNIA

◊ ZIRCONIUM

◊ ZODIACAL

◊ ZOMBIE

◊ ZONAL

◊ ZOOLOGY

◊ ZYGOTE

237 — COINS

- ANGEL
- DANDIPRAT
- DIME
- DOLLAR
- DOUBLOON
- DUCAT
- GROAT
- GUINEA
- MOIDORE
- NICKEL
- NOBLE
- OBOL
- REAL
- SESTERCE
- SOLIDUS
- SOU
- THALER
- THREEPENNY BIT

```
Q D S J D B Q C X Q T H R
T M A E S O L I D U S N E
D H O N S H L A X U W V A
S O R I D T L O B O C M L
B E U E D I E P L Z A A G
A O I B E O P R A I M I T
S O H U L P R R C N N K T
J T R A J O E E A E G Y S
Z H A B P D O N Y T U E T
F A L G R L L N N E Z Z L
G L L U U E E Y M Y E T X
R E O I F K X I L L B K Y
O R D N V C D H B E R I I
A R V E Q I T O B V C V T
T V Q A E N N Z X P Q K F
```

238 — TWICE THE FUN

- CLONE
- CLONE
- COUPLE
- COUPLE
- DOUBLE
- DOUBLE
- DUAL
- DUAL
- DUPLICATE
- DUPLICATE
- REFLECTION
- REFLECTION
- REPEAT
- REPEAT
- TWICE
- TWICE
- TWIN
- TWIN

```
E O T N O I T C E L F E R
C L N W V C O A Y H L J Y
C E B D T C V M E P T A E
H T U U V A E I U P N E L
G A D I O N E O L O E R B
L C X T O D C P R A E R U
S I E L B O F S E F O U O
E L C T Y P G R L R A N D
I P O Y A N G E N V K E L
S U D G C C C Y D U A L E
L D K L T T I E T J P P O
G O O W I W T L T D V U E
D N I O I J I A P W Q O J
E C N Z M R E N I U I C O
E T E I E C I W T L D N I
```

```
S R O O E C K S L Q S O I
W N O Q W A R A S S K H N
O S L E L E E O H M C O B
I A A Q H R T D O T A E A
C A S S E P A K E E T Q T
C A A C C Q B L S I O X T
A W T M R R L N U W I N E
K F D F I R E W O R K S R
E T K J O D T N S R S X I
S D S M P O S D R I W S E
V O D E P A D E A L E C S
P R A D T K E Y G L R H O
E S H P E A R L I G C W S
N A U H U E D T C N S F B
S J E S T A E R T G O D P
```

◊ BATTERIES   ◊ PENS

◊ CAKES   ◊ SCREWS

◊ CAT FOOD   ◊ SHOES

◊ CEREAL   ◊ SOAP

◊ CIGARS   ◊ TABLETS

◊ DATES   ◊ TACKS

◊ DOG TREATS   ◊ TILES

◊ EGGS   ◊ WASHERS

◊ FIREWORKS   ◊ WINE

```
X S X E E C X M X H O S A
Y I U S E W R E E M E X N
X R W B E X A X H L X L K
E Y E N A L Y X B A Y V O
B X X A D L S Y N T X X D
E X C D O T X T N E N I N
E S E S X O H S N X O L P
N I M O H O X A S H M B S
O A X C M E R U P O D A E
H A U A N T T I S R S Y S
P X R I H S X E E V X T X
O G A R Y A X I C O V E R
L L A X N R V I V T R I C
Y O X D E A N X S O Z Z S
X I N X X G E S X E N O N
```

◊ XANTHOMA   ◊ XIPHOID

◊ XAVIER   ◊ XMAS

◊ XEBEC   ◊ X-RAYS

◊ XENARTHRA   ◊ XYLAN

◊ XENIAL   ◊ XYLEM

◊ XENON   ◊ XYLOPHONE

◊ XEROX   ◊ XYLOSMA

◊ XERXES   ◊ XYRIS

◊ XHOSA   ◊ XYSTUS

COCKTAILS

- ◊ BATIDA
- ◊ GREEN WIDOW
- ◊ BELLINI
- ◊ JULEP
- ◊ BRONX
- ◊ KIR ROYALE
- ◊ BROWN COW
- ◊ MANHATTAN
- ◊ CAIPIRINHA
- ◊ MOJITO
- ◊ CHI-CHI
- ◊ RICKEY
- ◊ EGGNOG
- ◊ SIDECAR
- ◊ GOLDEN BREW
- ◊ SNOWBALL
- ◊ GRASSHOPPER
- ◊ ZOMBIE

```
R X W O C N W O R B B B T
W E R B N E D L O G A W A
O X N P G Q L L B O T G K
S M V G V A Y E K C I R I
L I N W B I L U A P D A R
O O D W O L H I J M A S R
G B O E I D P C A J J S O
R N Z N C I I N I A V H Y
S T I J R A H W Y H Z O A
B R C I L A R N N O C P L
E F N K T U M P M E A P E
H H S T A Y E B M V E E B
A V A A H L I K X N O R B
S N C A U E J R L Y N L G
O T I J O M V D C S R V A
```

ROCK AND POP GROUPS

- ◊ CLASH
- ◊ RUSH
- ◊ DEAD OR ALIVE
- ◊ SHERBET
- ◊ EUROPE
- ◊ SLADE
- ◊ FOUR ACES
- ◊ STONE THE CROWS
- ◊ IDLEWILD
- ◊ T REX
- ◊ INXS
- ◊ WASP
- ◊ KISS
- ◊ WHAM
- ◊ OSMONDS
- ◊ WINGS
- ◊ RAMONES
- ◊ WOLF

```
S S I K H R B Q E Z Q V R
W F Z O A S I D H L N I I
O E M Y U T A G U S S N C
R A M O N E S L C W U S E
C W A S P E W N C B G R V
E K B O O H X I F N C I I
H V R E K S X N I U Y E L
T U I K J G S W O L F J A
E H A P V D U E S R X N R
N E D F N I L S H B D X O
O M F O U R A C E S R E D
T P M M W D A V R D C R A
S S S H N S V K B Y A T E
O F A S N I D L E W I L D
Y M Z K V D W M T A V R S
```

```
N O N W D A H T N A M A S
Z T M O M S S T I Q Y H B
E N T B S A P J U H P U T
T W E Q E K M E P C T N E
N R I R U F C R T C K T I
X D K N O I U A H S H E L
S J D F S M E L J O T R R
C O X M K T T A E L G S A
R O S W P W O N U D T U H
A T N N T L I N W R S O C
P H G B H M B N A N D I A
P P S O S J E C Z Z D C A
Y U T A Z D S L N S E E S
D E J T T O B Y B E A R U
Y S O B R U N O S M J P D
```

◊ AMBER
◊ BEAR
◊ BRUNO
◊ BUTCH
◊ CHARLIE
◊ HUNTER
◊ JACKSON
◊ JASMINE
◊ MURPHY

◊ NERO
◊ OSCAR
◊ PRECIOUS
◊ SAMANTHA
◊ SCRAPPY
◊ TASHA
◊ TOBY
◊ TUCKER
◊ WINSTON

```
G F E J E T I H W T A A U
E U R Q L V X S I W V U F
N L A P H A X V T A B V D
I G V D O W T N J L T J E
A N A B W N L T W I S O C
T O K W U E A I E G S G A
N I S Q T T R C D H E N F
U T A S R X A B I T N Y F
O A A I G Y M H A R R H E
M T O C N N O P D O E D I
E N D E S U C Y G A T M N
U A K D S G H X H S T J A
L L J E I C A C Y T I A T
B P N A C R K R Q F B W E
P D J X R D N U O R G Y D
```

◊ AMERICANO
◊ BITTERNESS
◊ BLUE MOUNTAIN
◊ BREW
◊ DECAF-FEINATED
◊ GROUND
◊ HOUSE
◊ ICED
◊ JAR

◊ JAVA
◊ KENYA
◊ LATTE
◊ LIGHT ROAST
◊ MOCHA
◊ NOIR
◊ PLANTATION
◊ TASTE
◊ WHITE

CANADA

- ALBERTA
- PROVOST
- BEAVER
- RED DEER
- CARIBOU
- REGINA
- COCHRANE
- ST JOHN'S
- EDMONTON
- UNITY
- IQALUIT
- WABUSH
- LABRADOR
- WHISTLER
- OTTAWA
- WINDSOR
- PORT HARDY
- YOHO

```
T I U L A Q I T M T M O D
P C W O R X B S H W R F N
E Z S B B O I B Y T R P X
X Y N G Q I S S J O T S N
L D H C H P R D D W F O J
P R O V O S T A N D K T I
Q A J A Q P R C C I C T E
Q H T W A B U S H O W A J
M T S S A G W X C R J W A
U R E L T S I H W W L A T
N O H O U P R E D D E E R
I P D Q H A R E V A E B E
T N O T N O M D E Z C E B
Y S Z E N H Y Y N C V N L
S H C R E G I N A I R R A
```

WATERFALLS

- ANGEL
- RHINE
- BLENCOE
- RINKA
- BROWNE
- SHOSHONE
- CHURCHILL
- TOLMER
- EMPEROR
- TUGELA
- HALOKU
- VINNUFOSSEN
- HAVASU
- WAIHILAU
- KRIMML
- WATSON
- REICHENBACH
- WISHBONE

```
R Y V O C W M V X Y C D B
E U U X C L R W K R S M Z
M A K H P I E R F H S A U
L L Q J N U I P O N N N R
O I V K K M C S T G F E O
T H A O M G H X E E Q S R
L I L L K O E L N V L S E
H A A G N T N O I L E O P
H W M E U M B N I Q H F M
B M A G G H A H F A F U E
J R E T S V C N V N L N R
G L O I S R H A P Q I N C
A E W W U O S X J H C I M
C T G H N U N D R B H V B
E I C B L E N C O E Q Z W
```

CAN AND TIN

```
C G T I N I E S T G N A C
C A G W L I O F N I T Y R
T A N C A N N I T B N A E
C I N T T I N T Y P E G N
A V N I T S A E N N C T E
N L C N S I D T I C P I P
T E E A I T N T I A G N O
O C H K N T E H C N O C N
N N T T Q Y U R O B L T A
E A C I I S O S C R W U C
S C A L A M T N A A N R A
E L N V H D S A N H N E N
O E N A C L A N D P G A E
C A N O P H I L I S T K L
C H F O T I N M D T N A C
```

◊ CAN OPENER   ◊ TINCTURE

◊ CANAL   ◊ TINEA

◊ CANCEL   ◊ TINFOIL

◊ CANDID   ◊ TINGE

◊ CANISTER   ◊ TINHORN

◊ CANOPHILIST   ◊ TINIEST

◊ CANTONESE   ◊ TINNITUS

◊ CANVAS   ◊ TINSMITH

◊ CANYON   ◊ TINTYPE

US VICE PRESIDENTS

```
K J E N I L M A H N K T E
D S X K N A M R E H S N R
Q A J A R T H U R M I O H
G Q L U B H Y G G X C F J
H H W L J P S W O K V M V
X D P W A X A N E R I D U
S Y H C Z S N F K Y E V H
R O O S E V E L T N J E R
A K J H B L W O E Y N E U
B D S K L G M D D D N U Z
B U A E C P I U R R U B J
B G R M K B C I A I O A R
F I H I S Z C G J P W F O
C W N U E K A W E N G A M
B S N O S L I W E N Y U C
```

◊ ADAMS   ◊ GORE

◊ AGNEW   ◊ HAMLIN

◊ ARTHUR   ◊ HENDRICKS

◊ BIDEN   ◊ NIXON

◊ BURR   ◊ ROCKEFELLER

◊ BUSH   ◊ ROOSEVELT

◊ DALLAS   ◊ SHERMAN

◊ FORD   ◊ TOMPKINS

◊ GARNER   ◊ WILSON

PICNIC HAMPER

- ◊ APPLE
- ◊ BANANA
- ◊ BOWL
- ◊ BREAD
- ◊ BUNS
- ◊ CHEESE
- ◊ CUCUMBER
- ◊ FLASK
- ◊ FRUIT
- ◊ GLASSES
- ◊ HARD-BOILED EGGS
- ◊ KNIVES
- ◊ MUGS
- ◊ ORANGE
- ◊ PLATE
- ◊ SALAD
- ◊ WATER
- ◊ WINE

```
W U G L I L B V V Q X S O
H V J R T R A R K H G D D
A C O E I S Z S Q U T P F
R J N T U A A G M J S T R
D K Q A R L S R V V E Z D
B Y E W F A L B L E T F R
O V A A R D R O A N A G L
I W I N E E K L R E L J O
L T L B A D B I X A P U E
E E S D Q N K M S E N Q S
D P A A O N A S U S N G E
E U R P I A E B N C B W E
G E F V P S K U Q O U I H
G R E W U L B S W E X C C
S S R E S C E L H I D L G
```

RACECOURSES FOR HORSES

- ◊ ARLINGTON
- ◊ CORK
- ◊ DEL MAR
- ◊ DELHI
- ◊ FAIRYHOUSE
- ◊ FOXTON
- ◊ GALWAY
- ◊ GOODWOOD
- ◊ HANSHIN
- ◊ HIALEAH
- ◊ HUNTINGDON
- ◊ KENTUCKY DOWNS
- ◊ MYSORE
- ◊ OAKLAWN
- ◊ PERTH
- ◊ SAINT CLOUD
- ◊ SALISBURY
- ◊ TRAMORE

```
O G V K A I H L E D Z M U
A H T R A M O R E Y Z Y E
K A K O N N T L X F S N S
L E O C Y Z M O V D X O U
A L N M L A V G U N Z D O
W A Q T R X A O O O M G H
N I L O U L L T V T Y N Y
B H C I W C G M P X S I R
J K L A T N K P Q O O T I
O D Y N I X Y Y E F R N A
K D I L I V P K D R E U F
Y A R F I B P K C O T H Y
S A L I S B U R Y A W H M
I S K R H A N S H I N N Z
Q P W Y D O O W D O O G S
```

```
Z A R I X E W G N O L I L
M B A T W M I V W L Y E F
A U K O I H A M O D O D R
P J A S A S K M V S K M E
U B D R X I S A L I K Y E
T L A G G R I L H U F D T
O R C A E C Z A N O S A O
E L L I V E R B I L E J W
C I G C Y A E O E T W L N
N L W Z B R N I O R Q U Q
A O D A P S S I O O M S M
F W T R O R I A C P I A F
K M U W K F N R L N V K R
R T D E X A D Q U S I A T
N I A M E Y L T D T R T Q
```

◊ ALGIERS   ◊ LILONGWE

◊ CAIRO   ◊ LOME

◊ DAKAR   ◊ LUSAKA

◊ DODOMA   ◊ MALABO

◊ FREETOWN   ◊ MAPUTO

◊ HARARE   ◊ NIAMEY

◊ JUBA   ◊ PORT LOUIS

◊ KIGALI   ◊ RABAT

◊ LIBREVILLE   ◊ TUNIS

---

252 **AGREE**

```
E C S E I U Q C A R O S Y
I D O T F H O F V D M D E
S L T A V I H E T I N U D
T M Z A N E G A G N E S E
E U E C L C F T R D L E C
E Q I E M L J I A M B A C
X D T D T Y Y U R N O Y A
E O E D N A T S R E D N U
W Q C C L Y I E L D I N Y
O T O D N I J N D R U U O
L J H I A O M D O L T N M
L A E T T A C O M S G I D
A O R A T C O R F G I S E
O D E C I D E S A K G N X
F T H E H T O E O B O N U
```

◊ ACCEDE   ◊ HARMONY

◊ ACQUIESCE   ◊ MATCH

◊ ALLOW   ◊ MEET

◊ COHERE   ◊ SUIT

◊ COINCIDE   ◊ TALLY

◊ CONCEDE   ◊ UNDERSTAND

◊ DECIDE   ◊ UNISON

◊ ENDORSE   ◊ UNITE

◊ ENGAGE   ◊ YIELD

EARTHQUAKE

- ◊ AFTERSHOCK
- ◊ LANDSLIDE
- ◊ BUCKLING
- ◊ PLATES
- ◊ CRACKS
- ◊ QUAKE
- ◊ CRUST
- ◊ RICHTER
- ◊ DISASTER
- ◊ SEISM
- ◊ FIRES
- ◊ SHAKING
- ◊ FOCUS
- ◊ STRESS
- ◊ FORCES
- ◊ TREMOR
- ◊ HAZARD
- ◊ UPHEAVAL

```
R O M E R T Z F N W N R X
W V M F R C O E D D C E Y
K L S W B F F F K R T V H
L C A T V I N O A A S R R
B V O N R R U C R A U C I
U E T H D E K U Y C R Q C
C U S R S S S Y M E J H
K I U J T R L S S U T S T
L E R P H J E I C P S S E
I L C V M F E T D H A O R
N D A J Q S U R F E S O U
G K H S E T A L P A I A L
P E M T E Z R Q R V D R R
G N I K A H S X N A U Q E
H S Q H A A F R Q L S I E
```

CHEMISTRY

- ◊ ABSORPTION
- ◊ OSMIUM
- ◊ ANODE
- ◊ OZONE
- ◊ BORAX
- ◊ PHENOL
- ◊ BORON
- ◊ RUST
- ◊ COBALT
- ◊ SOLID
- ◊ ENZYME
- ◊ SUGAR
- ◊ GYPSUM
- ◊ WEIGHT
- ◊ NITRIC ACID
- ◊ ZINC
- ◊ NUCLEAR
- ◊ ZIRCON

```
V K L T V E K T C W S J A
C C S C C N M P H E N O L
W U V A X C D Y O G Z T I
R T L A B O C J Z Z I N C
K J R P J S B O O N U E X
S O L I D U O C N Z E J W
B S E R O N A R E Q V U P
J M G M M M U S P Y G A D
P I P M R D I C F T Y S E
E U B A J H Z W L E I D R
U M G O Z I Z H L E O O G
N U R P R I L A G N A N N
S T K C A O H R A I E R L
W J O Z Y K N K F Z G H N
W N D N I T R I C A C I D
```

```
Y Y U C K Y Y Y Y D G Y Y
A O M T Y N O Q E J R A E
F I O M T L I U W O A R L
F L I I U T V V T O Y N Y
L R Y U I Y A N Q H E S V
E Y E U Y O L K O A F O W
Y O Y D Y J A Y O Y O U X
A E Y A M M E R I N G U L
M Y A C H T S M A N Y Y B
A L X S Y V P Y J T U Y F
H N A K I T U P T I I N A
O Y T A H D L R Y E A S T
K P Y Y V T I E Y S G Y N
O E V T E U P S H D N B N
Y A I B M S T D E L W A Y
```

◊ YACHTSMAN   ◊ YEAST

◊ YAFFLE   ◊ YEW

◊ YAHOO   ◊ YOKOHAMA

◊ YAKS   ◊ YOUTHFUL

◊ YAMMERING   ◊ YO-YO

◊ YARG   ◊ YPRES

◊ YARNS   ◊ YTTRIUM

◊ YASHMAK   ◊ YUCKY

◊ YAWLED   ◊ YUMMY

```
S O N A P R H W P G O M R
Q T P J D F A H T A E H W
O Q E E R L E E P G N N R
Y H F D R D I S R A E L I
L T G A E C F O T G G K A
T S N I Z N E T K A D M L
X O Y E H G L V S O B W B
B Y D P D E L Q A Y L S A
D H I Y E R U O F L A B D
S D O G N I N N A C H M M
C L Y H T E W R T Q L A A
L U E H N Z O F B T J F H
L L E S S U R S Q O I A L
B O E I N J B I R W W P E
E M O H S A L G U O D J P
```

◊ ASQUITH   ◊ EDEN

◊ ATTLEE   ◊ HEATH

◊ BALFOUR   ◊ LLOYD
                 GEORGE

◊ BLAIR
               ◊ MAJOR

◊ BONAR LAW
               ◊ PEEL

◊ BROWN
               ◊ PELHAM

◊ CANNING
               ◊ PERCEVAL

◊ DISRAELI
               ◊ PITT

◊ DOUGLAS-
  HOME   ◊ RUSSELL

ICE HOCKEY TERMS

◊ AGGRESSOR

◊ BENCHES

◊ CLIPPING

◊ CORNERS

◊ CROSS-CHECK

◊ FIVE-ON-THREE

◊ GLOVES

◊ HOOKING

◊ ICING

◊ LEAGUE

◊ LINE CHANGE

◊ MAJOR

◊ PENALTY

◊ PUCK

◊ REFEREE

◊ SCORE

◊ SHOTS

◊ STICK

```
Y T L A N E P R I L Z T W
L J K Q N U E N U I S B K
I I T Z C F J S U T J G S
N J E K E O H S O Y N C F
E Z P R E O R H Y I B R I
C S E H O U S N P W A O V
H E Z K Z U G P E G N S E
A N I Y C F I A G R W S O
N N P X F L E R E R S C N
G S E H C N E B O L G H T
E M S X R S E J P G L E H
R D V T S R A D V N O C R
O G T O I M H D V I V K E
C R R Y C C M F O C E B E
S I T C A B K P A I S Z A
```

DOUBLE N

◊ ANNOTATE

◊ ANNUITY

◊ ANTENNA

◊ BEGINNING

◊ BIENNIAL

◊ CINCINNATI

◊ CONNIVANCE

◊ FUNNIEST

◊ INNOCENT

◊ INNUENDO

◊ KENNEL

◊ QUESTION-NAIRE

◊ SAVANNAH

◊ SONNET

◊ SPANNER

◊ SUNNY

◊ UNCANNY

◊ UNNECESSARY

```
I T A N N I C N I C C N U
N N J T E N N O S O B N T
A N N O T A T E N S C Z C
Q U E S T I O N N A I R E
L F E P D J I P N V N K O
E R U A T V N N B A N S L
N D A N A N Y N O N U N A
N H F N N S Y T N N E A I
E O C E J I N T E A N N N
K E X R M E E I I H D N N
N I Y Z C N N S O U O E E
N S N O H K N E T T N T I
U N N E C E S S A R Y N B
D N U N J A N N I O E A A
I J S G N I N N I G E B G
```

```
Y G X B M R K E S A A X P
R L X Q B E C D B H C R L
T A R T R I B W H B R D U
E C L N M A T R A V E L P
O I I E J L M X D V T E E
P R L I I Q D A N Z T M I
T O P C H I L D R E N S H
P T Z A O F D E S D D I E
I S S N S M Z R G S N C U
C I E G A T E P I C O I G
E H N E T V I D Q E V T O
I L X E I E V C Y W E I L
F J P A R O D Y H H L R O
W B K O E Q T D X E Q C P
D A I R T K R G E S A G A
```

◊ APOLOGUE   ◊ PASTICHE

◊ CHILDREN'S   ◊ POETRY

◊ COMEDY   ◊ POLEMIC

◊ CRITICISM   ◊ PULP

◊ DRAMA   ◊ SAGA

◊ EPIC   ◊ SATIRE

◊ HISTORICAL   ◊ TRAVEL

◊ NOVEL   ◊ TRIAD

◊ PARODY   ◊ VERSE

```
D E L U G E Y C R N C T P
U M M N M Z M T H A X O T
O D R O A R E B J Y E I Y
L W O H N G N H R N I L S
C I T T U S H Y N I A R C
K I S V X L O X M T G N Y
U Q B X H O D O H Y N H A
R I A F E W A G N T D R T
A P Z H O O U T R S F W B
R O C Q A O A T F U D S S
I Z F T R A H C R G A L E
G S G D T A R L E Z A S L
U Z L O W P R E S S U R E
E A D D O D H W H T G Q L
H T R M U D E G N D A R T
```

◊ BRIGHT   ◊ GOOD

◊ CHART   ◊ GUSTY

◊ CLEAR   ◊ HAAR

◊ CLOUD   ◊ HAZY

◊ DELUGE   ◊ LOW
                 PRESSURE

◊ DROUGHT   ◊ MONSOON

◊ FAIR   ◊ RAINY

◊ FRESH   ◊ STORM

◊ GALE   ◊ THAW

ON VACATION

- ◊ AIRPORT
- ◊ BEACH
- ◊ BIKINI
- ◊ COACH
- ◊ DUTY-FREE
- ◊ GUIDE
- ◊ LUGGAGE
- ◊ MAPS
- ◊ OUTING
- ◊ PASSPORT
- ◊ POSTCARD
- ◊ TAXI
- ◊ TOUR OPERATOR
- ◊ TOURIST
- ◊ TRAVEL AGENT
- ◊ VIEWS
- ◊ VISA
- ◊ VOYAGE

X	D	Z	E	G	A	G	G	U	L	H	L	N
R	R	O	T	A	R	E	P	O	R	U	O	T
B	I	K	I	N	I	C	H	G	X	S	R	A
G	G	R	A	Q	K	R	O	P	E	A	E	X
M	M	N	W	D	L	F	K	A	V	N	T	I
A	L	H	I	E	Q	V	X	E	C	V	E	E
P	K	G	A	T	O	N	L	T	T	H	D	E
S	B	D	J	Y	U	A	R	X	R	Y	I	R
V	O	I	A	I	G	O	X	D	O	T	U	F
I	M	G	A	E	P	J	N	Z	P	V	G	Y
E	E	Z	N	S	E	T	S	I	R	U	O	T
W	P	T	S	V	Z	U	B	C	I	C	U	U
S	I	A	E	B	E	A	C	H	A	V	O	D
R	P	O	S	T	C	A	R	D	T	H	P	O
N	B	A	S	I	V	L	J	G	Z	B	Y	D

SOUNDS

- ◊ ACOUSTICS
- ◊ BLAST
- ◊ BUZZ
- ◊ CHINK
- ◊ CHORUS
- ◊ CRASH
- ◊ ECHO
- ◊ HISS
- ◊ HOOT
- ◊ HUMMING
- ◊ PIANISSIMO
- ◊ RUMPUS
- ◊ SHRIEK
- ◊ STRAIN
- ◊ THUMP
- ◊ TONE
- ◊ WHISTLE
- ◊ YELL

T	I	R	B	N	Z	V	W	S	S	A	F	O
Y	E	L	L	F	H	H	T	S	L	L	H	B
W	S	M	A	A	I	K	E	I	R	H	S	S
W	E	A	S	S	C	P	E	H	F	N	V	Z
E	O	U	T	E	N	O	T	E	P	Y	Z	N
T	G	L	T	F	O	R	U	I	N	U	J	V
B	E	Y	O	K	R	R	A	S	B	L	L	H
E	E	K	O	I	E	N	S	I	T	K	Q	P
B	J	A	H	K	I	S	N	C	H	I	N	K
L	N	O	A	S	V	I	U	S	U	S	C	L
E	L	N	S	N	A	C	U	P	M	T	O	S
D	E	I	M	R	C	R	T	E	M	H	W	E
U	M	C	T	I	O	T	C	U	I	U	S	E
O	M	S	H	H	L	I	M	I	N	M	R	Y
K	R	O	C	O	J	Y	D	X	G	P	S	X

UNDER THE GROUND

```
S G K Y I E F D R S V B C
C P E G R I V E L I U O E
W A R M M O L F X O R K G
N F V I S P M E O M G T G
A O R A N T X I N G C R J
U U E E O G O P A N A W S
M N V G P E F N Z V U B E
I D I T N H U H E F L T R
N A R I V U B S H U W Q C
E T U B E R D A B M I X P
R I G B A E D F P P R E L
A O D A R E F I U Q A O B
L N U R S V T B U N P Y W
S S Z G R E K N U B I F T
C L U K Y I I T J I Y S S
```

◊ AQUIFER   ◊ HADES

◊ BULBS   ◊ MINERALS

◊ BUNKER   ◊ PEANUT

◊ CORM   ◊ RABBIT

◊ DUNGEON   ◊ RIVER

◊ FOUNDATIONS   ◊ SPRING

◊ GEMSTONE   ◊ TUBER

◊ GOLD   ◊ TUNNEL

◊ GRAVE   ◊ WORM

---

264   **WET**

```
S A J N G K Y K C A T L K
K O D E S R E M M I R N W
D C A D D D V L U B A K S
D V N K P O E C J D K O H
E Z M H E M G Y U A D A O
G Z W I J D N G A D A Y W
G B L T R Y D U E R M G E
O U O N O Y Y N R Q P T R
L N S P L A S H E D U S Y
R D A H R J Z Z S Z H M O
E R A R I L J Z Q R M D D
T I S F Q N S H T A A U E
A E Q U A G G Y L R D M W
W D S Y U U J C X T U W Y
O X O H J V S Z W W L F N
```

◊ CLAMMY   ◊ QUAGGY

◊ DAMP   ◊ SHOWERY

◊ DANK   ◊ SOAKED

◊ DEWY   ◊ SODDEN

◊ GUSHING   ◊ SPLASHED

◊ IMMERSED   ◊ SPRAYED

◊ MARSHY   ◊ TACKY

◊ MIRY   ◊ UNDRIED

◊ MUDDY   ◊ WATERLOGGED

US STATES

◊ ALASKA
◊ IOWA
◊ ARIZONA
◊ KANSAS
◊ CALIFORNIA
◊ MAINE
◊ COLORADO
◊ MICHIGAN
◊ DELAWARE
◊ MONTANA
◊ HAWAII
◊ OHIO
◊ IDAHO
◊ OREGON
◊ ILLINOIS
◊ TEXAS
◊ INDIANA
◊ UTAH

```
K A N A I N R O F I L A C
M D S S Y Q E N I A N J M
A Q S A X E T Q O A G N O
V N I E X V S O I G A T D
H K A O N U Z D H G E H A
S E I T T I N Z I A A R R
V H W M N I A H K W D B O
O P L L O O C M A U F I L
C A S C D I M I J S T R O
O I K L M R I J H I R A C
M O F S I O N I L L I A H
A W K K A A R L A W Q G P
I A V T K L S A S N A K O
T D E L A W A R E W X K D
R Z M J M A N O Z I R A J
```

266

FURNISHINGS

◊ ARMCHAIR
◊ DRAPES
◊ BUREAU
◊ DRESSER
◊ CABINET
◊ LARDER
◊ CARPET
◊ MIRROR
◊ CARVER
◊ OVEN
◊ CLOCK
◊ PIANO
◊ CLOSET
◊ PICTURES
◊ CURTAINS
◊ SCREEN
◊ DESK
◊ SOFA

```
S K U A E R U B I M O Z U
X K S D R W C S E P A R D
T T K E T M C A V H H I Q
Z C J B D R C S B T Z E Z
G A Z G E T K H F I Z O V
L R O E C U R T A I N S S
S P N R B E D G U I I E Q
I E J D M L O R N L R L T
E T R S C I A B E O D C U
E F O U I Z R R E S C C X
Q F P E T W W R D L S O Y
A Q W I H C K L O E A E H
R E V R A C I S L R R T R
Q U O V E N E P C L O C K
O D V O Z T O M J Q Z T A
```

```
S Y W S M D D V E R A A D
M I G B A L L I R G A C N
A U I D T S R F O L M O U
R J Z O S K B E A C H J O
V H N E T N E L L E P E R
A R E S N E E V N Q O R G
W Y A Q I P X E O I L V P
N C E I A I V E F T E P M
I S E C N O F Y V Q S O A
N X S R H E I U W X D T C
G E X C U P R Z B D K S Z
G D T R E T E D S A U N I
I U T I N R A B S K L T A
D O O W S I B N D Z S R D
S J Y J D N B N A M A P S
```

◊ AWNING   ◊ NATURE

◊ BEACH   ◊ POLES

◊ CAMPGROUND   ◊ POTS

◊ DUTCH OVEN   ◊ RAIN

◊ ESCAPE   ◊ REPELLENT

◊ FIRE   ◊ RUGS

◊ GRILL   ◊ SITE

◊ MAPS   ◊ STOVE

◊ MATS   ◊ WOOD

```
J I I B S F K R Q Z U E N
S R E T H G I N D I M D W
S L A S A S N T F L I T A
R T L A R W A I B A V S V
E E E A L E J X W X E T E
M M J M B N D V F T K C S
A S W I O E Z I A K R S D
E E I L W C R M A I T E S
R T X Z N A K I C R L M W
D T Z M I C I K F T C E A
C E J C E R E L O K T R L
V L V H G T U N E H W P T
C U C Y S A E T M R Y U U
U O Y C E S N T D P S S O
P R U M O U R G S P I P L
```

◊ CHECKMATES   ◊ OUTLAWS

◊ COMETS   ◊ PIPS

◊ CRICKETS   ◊ RAIDERS

◊ DEL-TONES   ◊ ROULETTES

◊ DREAMERS   ◊ RUMOUR

◊ FIREBALLS   ◊ SUPREMES

◊ GANG   ◊ WAILERS

◊ MIDNIGHTERS   ◊ WAVES

◊ NEWS   ◊ WINGS

- ATTAIN
- AWARD
- COME THROUGH
- CONQUER
- CUP
- EDGE
- GAME
- GRANT
- LOTTERY
- MATCH
- MEDALS
- PASS
- RELAY
- STAR
- SUCCESS
- TOP
- VANQUISH
- VICTORIOUS

```
O U R E U Q N O C G A M P
V A N Q U I S H O T A A K
M I K S D V E O H T L M Y
C A C T N T Q T C V I A E
L O T T E R Y H D E L A Y
M H M A O S S A P E I R A
A A D E X R L M R A D Q L
T S W H T D I R R Q K S R
T R L A Y H H O B B M A X
A W O A R F R U U E T A H
I U F V D D P O R S D I R
N R A T U E D P U E D G E
F T N A R G M U O G A P H
T Z I D U D K C G P H O B
W S S E C C U S F V X T E
```

- ALADDIN
- ALICE
- DWARVES
- ELVES
- GENIE
- GIANT
- GOLDILOCKS
- GRETEL
- HANSEL
- JOLLY MILLER
- MARY MARY
- PINOCCHIO
- RED HEN
- SIMPLE SIMON
- SINBAD
- SNOW QUEEN
- WENDY
- WITCH

```
B R M I W N E H D E R E S
T P P I N O C C H I O I K
H M T I N X Y T H C U N C
V A R R A Q D I Z N G E O
P R N E E U Q W O N S G L
T Y A S L T P O A O A T I
I M N D E L N L O M F Z D
N A I D G L I R C I P G L
L R D L E C E M P S V I O
M Y D N E W J L Y E E A G
P T A V R N E U I L K N Z
S P L A N T N S V P L T E
R L A T E V D E L M R O E
D W A R V E S A N I X E J
J P G I D A B N I S R E P
```

```
H T K I Y O S C A P Y M Q
Z O N P N E L B A C R A J
K A W I E O U D T G R C I
D D A M V R S G V H E M X
K O O C A E C L A A A I N
L A B D E C B E I H D L E
L T I U N L D R V W R L N
H E A T H E E O H A A A R
J C Y T L G C H N L L N O
M R O C T G A U Y A C W B
B J R W D L M R L D L K S
S R E N E M E D M R A D O
T R O O K N R E K K R H E
J H G W I T O N N K K Y E
R R L O N M N I O T E L T
```

◊ ATTLEE   ◊ HEATH

◊ BEVIN   ◊ HURD

◊ BROWN   ◊ MACDONALD

◊ CABLE   ◊ MACMILLAN

◊ CAMERON   ◊ OSBORNE

◊ CLARKE   ◊ OWEN

◊ CLEGG   ◊ PERCEVAL

◊ COOK   ◊ PYM

◊ HAGUE   ◊ WILSON

272   **TAKING A FLIGHT**

```
T D Y L U A H T R O H S O
P R V W A Q K V X T G N M
K W O I C F J G A Y N U Y
W O S L T Z J E G D I R B
A L P G L Y T H Q P D E D
E L M O T E T P Y E R S I
E I F Z K R Y I T A A E C
X P Q N U B O A R H O A S
M B A N T A G P X U B T M
E L W O Q G R J R I C B O
B A L L W G M R N I A E T
Y I X B A A T C I F A L S
P U T D T G R S A V J T U
A I R S T E W A R D A R C
D H C D W C J K L L R L O
```

◊ AIR STEWARD   ◊ CUSTOMS

◊ AIRPORT   ◊ GATE

◊ AISLE   ◊ PILLOW

◊ ARRIVAL   ◊ PILOT

◊ BAGGAGE   ◊ RUNWAY

◊ BLANKET   ◊ SEAT BELT

◊ BOARDING   ◊ SECURITY

◊ BRIDGE   ◊ SHORT-HAUL

◊ CABIN CREW   ◊ TROLLEY

T WORDS

- TACKY
- TOMORROW
- TAHITI
- TOURNIQUET
- TATTY
- TOXIC
- TAWDRY
- TRADITION
- TEPID
- TRASHY
- TEXTURE
- TREPIDATION
- THIRD
- TRICKLE
- TICKLED
- TRYING
- TODAY
- TSETSE

```
T E T S T P P F V Y E E T
R T R A C E V O A N W N T
K A A S T T X D I O L O N
Y R D W A T O T R T U I T
D T I D O T I R U R Z T I
L F T X R H O Y N R A A C
T I I Z A M A I D A E D K
D C O T O S Q N A L B I L
E T N T T U P G T R O P E
D S E A E R E D T T X E D
C T T T T O L R L T X R S
J T O E F T T I I P E T T
Y T R A S H Y H T A C K Y
D I P E T T L T A H T K A
H O U T T R I C K L E P T
```

EAT UP

- BINGE
- GNAW
- CHEW
- GOBBLE
- CHOMP
- GORGE
- CONSUME
- MASTICATE
- CRUNCH
- MUNCH
- DINE
- NIBBLE
- FARE
- PARTAKE
- FEAST
- PICK
- FEED
- STUFF

```
E P N Q F E A M V Z J T K
R V M A L Q V G O R G E S
A T D O Y E D J G Q T C O
F N L L H R Q N A A P R O
M A S T I C A T E C G U O
P P K T W W T P O E L N Q
A I E R U M I N R L B C D
R H P G A F S S B B R H I
P A O K N U F E O B O P J
E A A T M I L A E I D W R
I M R E K B B W F N M O F
P U I T B C Q E E K I E A
O N L O A Q I Q A H E D G
V C G E S K V P S D C X Y
L H S N J L E Y T X A P V
```

TRIBES

```
H A A Y I S Q I H A Y I L
E H C L E U P A A S P U Y
I A H H A T E L G U R W Y
I C S A I T S U T U W Q F
B N P U L B A I L Y S N M
F I P J M R C H U R O N W
E E L I A L R H X N Q E O
T Z E N Y Y O O A O A E Z
D N I R A H W S F N A E T
Y A N A C S A B A H T A X
N E Z K K S H D W E R H L
E G N T I M O H I C A N Z
H X X O X A Z R T A P L K
D J U O N E E Q X Z H L Z
R X X N F L H A Z T E C M
```

◊ ATHABASCAN ◊ HURON

◊ AZTEC ◊ INCA

◊ CHIBCHAN ◊ MAYA

◊ CREE ◊ MOHICAN

◊ CROW ◊ NOOTKA

◊ ERIE ◊ PUELCHE

◊ FOX ◊ SIOUX

◊ GUARANIAN ◊ TUPI

◊ HAIDA ◊ WEA

LONDON

```
P N B E C V F L S C F S D
S W A R D O C K L A N D S
E O Z C O V A S L W J U H
M T M E I E S G E N A A S
B A F O S B R B B F L S A
F N R L N E R E W C V S H
L I E B R U S A O I A U H
V H R O L K M R B A U T A
C C S I T E N E W M E E R
O H O S A H A N N B W M R
S L R I I F E R M T K A O
B P U L A D Y A C E H D D
A L L A M L L A P H I A S
C L I A R A W T M O T M I
A E C N L O N D O N E Y E
```

◊ BARBICAN ◊ HARRODS

◊ BOW BELLS ◊ LAMBETH

◊ CABS ◊ LONDON EYE

◊ CAMDEN ◊ MADAME
TUSSAUD'S

◊ CHELSEA
◊ MARBLE ARCH

◊ CHINATOWN
◊ MAYFAIR

◊ CORNHILL
◊ MONUMENT

◊ DOCKLANDS
◊ PALL MALL

◊ EROS
◊ SOHO

TREES AND SHRUBS

- ABELE
- ALMOND
- BEECH
- GORSE
- HAWTHORN
- HOLLY
- LARCH
- LIME
- MULBERRY
- OLIVE
- ROWAN
- SEQUOIA
- SPRUCE
- SUMAC
- TAXUS
- THUJA
- VIBURNUM
- YEW

```
P N G T L S Y L R O J W V
Y E R E U N M H L M F Z T
E A L M O N D R U O E A N
W E A I U N H L Y S X A E
H C F L G N G R R U I B V
C H N A W O R L S O M L S
E S R O G E N U U O A A Q
E J R T B Z K Q B S E Q H
B D T L S S E B V I R X D
G O U S Y S E O L I V E M
Z M E G S C A A R M W B E
C I C O U S R J H O L L Y
A R U R O C R G U O M T S
L R P L H H A W T H O R N
H S G I I A B E L E T N H
```

CASTLES

- BAILEY
- CHAPEL
- CRENEL
- DITCH
- EARTHWORKS
- EMBRASURE
- GATEWAY
- GREAT HALL
- KEEP
- MOATS
- MOTTE
- POSTERN GATE
- REDAN
- SALLY PORT
- SIEGES
- TOWER
- VAULTS
- VICES

```
T N N L L K V S E G E I S
O A E C E A Y I R Z S T S
V D F E R I E E C T Q O H
A E P S N E A C L E F W L
S R T E S T N U H I S E L
K R Y A H R A E Y A A R T
R X V A G V C G L W P B S
O X L M Y N R A R X J E A
W L K T W U R T M R D S L
H W K Y E N J E O Y R J L
T R E D D A O W T I E D Y
R H W I A L G A T S U L P
A S T A O M L Y E T O O O
E C E R U S A R B M E P R
H E E H D I Z D R O L V T
```

CAKE BAKING

```
D K T S N G G P V A E S P
F R X E G I P A T C A M Y
N C E S M G T I E N Q I K
Z C T T X P E F A N S X U
O U I U A I E T A R M E R
H P U B O W L R A O T R I
O C R A X U C A A A L X O
G A F B S D R Y L T V U E
A K E D I U E O G O U P M
B E Q R O O C C O N I R E
S S O L Z O P R O C I A E
P O F W H Y L P E R M C T
O U V C W F O R G A A U I
O N T E U C N I J M M T Y
N N D R N C Y J J Y L R E
```

◊ BOWL   ◊ LOAF TIN

◊ CHOCOLATE   ◊ MIXER

◊ CREAM   ◊ OVEN

◊ CUPCAKES   ◊ RECIPE

◊ DECORATE   ◊ SPOON

◊ EGGS   ◊ SULTANAS

◊ FLOUR   ◊ TEMPERATURE

◊ FRUIT   ◊ TRAY

◊ ICING   ◊ WATER

LITTLE THINGS

```
Y S X R J V J U M W D W K
E N S O Z O G I A O W A N
Z L B E T O C Q T T T Y L
E G U P I R Z S N L N E S
B I U C O T T H G I L S N
N N G D S P A K T L Q L T
Y D O A S U U I G A S C S
O T N L K S N Q R Y A O D
L F H C P W L I A P P K Z
S P I O J Y H D M O C E J
G T T N S U S O I E I X Y
M R E W G D C N P I T N G
Z S E E D E T S P W E I A
R A L F R N R E X E Q L M
Z E G U T N O I T C A R F
```

◊ COMPACT   ◊ POINT

◊ DOTS   ◊ PUNY

◊ FINGER   ◊ SEED

◊ FRACTION   ◊ SLIGHT

◊ JOT   ◊ SPECK

◊ MICRODOT   ◊ SPOT

◊ MINUSCULE   ◊ TEENY

◊ MITE   ◊ TICK

◊ MOTE   ◊ TINY

SIGNIFICANT

- CHIEF
- CRITICAL
- FAR-REACHING
- GRAVE
- GREAT
- HEAVY
- INDICATIVE
- LARGE
- LOFTY
- MATERIAL
- MIGHTY
- NOTEWORTHY
- OMINOUS
- POTENT
- PRIME
- RELEVANT
- SALIENT
- VITAL

```
G Y C L E L A C I T I R C
G N T M A S U O N I M O H
C T I F Z T L E G H U E A
K R R H O T I E G R A L N
P E T R C L E V G V O O L
L E I N A A L P Y R T V R
R A M S E F E L S E E L E
C E I K V T M R W M S A X
C N L R P D O O R E N L T
H L S E E C R P Q A I D E
I J T T V T N R K E F V R
E O D Y H A A S I Y A R Q
F Q R Y A J N M S R Q G Q
Y T H G I M L T G L D V L
T C I N D I C A T I V E Q
```

BOOKS

- ANNUAL
- ATLAS
- BIBLE
- BIOGRAPHY
- CRIME
- EDITION
- ENCYCLOPEDIA
- INDEX
- INSTALMENT
- NOVEL
- PLOT
- PRIMER
- REFERENCE
- SCI-FI
- SERIES
- STORY
- TEXT
- TITLE

```
E E K U U R W E R A A B X
M L L P A L M C E J I B K
L H B O R I A N N O E P Z
M L N I R I O E G L N L D
J D J C B V M R W Z C B Y
S E I R E S A E I D Y J D
K Y N L E P N F R D C W S
L S S M H E I E P P L S E
A C T Y D C O R P C O N D
U Z A O S P L O T A P A I
N L L N R A S E T T E N T
N Y M M I Y X L X E D N I
A S E K L T A E L T I T O
N V N A T S N H Y S A P N
S B T S X U T J D E E C M
```

PIZZA

```
S T O O N A G E R O L F N
N I R M J C C G A Y D N N
O I M R R Q H A C G H D O
I R U U Q R I S E S I E C
N P S B A T C U L U K C A
O T M V S Z K A Q A L U B
Y L U O A O E S N W N A W
H C Q N Z P N C H E E S E
P I B O A Z H E A A D Q F
D L R B U O A I P P I B E
O R V I V P K R N A E B W
U A A I M B X N E A L R W
G G E S Z V W I D L E A S
H S E O T A M O T N L N J
Q F N R O C T E E W S A S
```

◊ ANCHOVIES	◊ JALAPENOS
◊ BACON	◊ MOZZARELLA
◊ BBQ SAUCE	◊ ONIONS
◊ CAPERS	◊ OREGANO
◊ CHEESE	◊ SAUSAGE
◊ CHICKEN	◊ SQUID
◊ CRUSTY	◊ SWEETCORN
◊ DOUGH	◊ TOMATOES
◊ GARLIC	◊ TUNA

RISKY

```
E E D I L S D N A L F X A
X Y T I C I R T C E L E S
S M H R O C K S S S O T Q
W E O M R X A T T L O E U
O L S K E B D S E N D T A
R T H T Y B V V E Y E I L
D D R S E O T T P V D M L
S O S O L Y H F P E I A A
V W N C D R G R A I R N X
O N A O O A E S T N Y Y K
G N L W L C N B H Z O D B
O T I V A E N R Q D J N H
K N A N B R W U O A D O E
G E O P P S E V T T X F P
C O S E V I S O R R O C Z
```

◊ ABYSS	◊ MELTDOWN
◊ BOY RACERS	◊ ROCKS
◊ CORROSIVES	◊ SQUALL
◊ DYNAMITE	◊ STEEP PATH
◊ ELECTRICITY	◊ STONE-THROWING
◊ FLOOD	◊ SWORDS
◊ JOYRIDE	◊ TORNADO
◊ KNIVES	◊ VOLCANO
◊ LANDSLIDE	◊ VORTEX

ANCIENT PEOPLES

- ◇ AZTEC
- ◇ MOCHE
- ◇ CARTHAGINIAN
- ◇ NABATAEAN
- ◇ FENNI
- ◇ NORMAN
- ◇ INCA
- ◇ PICTS
- ◇ JIROFT
- ◇ ROMAN
- ◇ JUTE
- ◇ TURCILINGI
- ◇ LYDIAN
- ◇ VIKING
- ◇ MEDE
- ◇ XIA
- ◇ MESO-POTAMIAN
- ◇ ZHOU

```
E O D Q I E A N F E A D N
V T D J I R O F T Z V L A
G S U F Y T A J U I N C C
V Z D J E I D L O D N A F
I N E H Q N K Y H I R L Q
K A N T P A N D Z T G N P
I E A O L A M I H T F I U
N A M D R O R A K S C A U
G T O D C M G N T T M Z L
Z A R H N I A O S E C T G
A B E T N G A N D I N E M
I A D I I A A E K N J C D
G N A I M A T O P O S E M
T N L D X R K K G S X I A
G H I G N I L I C R U T G
```

WHITE WORDS

- ◇ AS A SHEET
- ◇ HOUSE
- ◇ CEDAR
- ◇ MAGIC
- ◇ CHRISTMAS
- ◇ MEAT
- ◇ CORPUSCLE
- ◇ NOISE
- ◇ DWARF
- ◇ PAPER
- ◇ ELEPHANT
- ◇ RICE
- ◇ FOX
- ◇ THISTLE
- ◇ FRITILLARY
- ◇ WASH
- ◇ HEATHER
- ◇ WINE

```
X B P S K E E V R E P A P
R O T W C L S O U S E Z T
C Y F X T Z A U A Y Y E E
R X R S M J U M O N E L Y
J A I N C Q T L Q H E R N
X H D E O S F B S P A S E
T O D E I P B A H L L L D
E A G R C M S A L T C I R
S N H F E A N I O S W E F
N C A A C T T D U E H T R
B C T W W I W P M T W K A
T A I F R A R O A A I Z E
F N X F R O S E D Z G C I
E T W F C B H H N A I I E
V E S I O N R V Z R Y U C
```

WARSHIPS

```
O N V X R Q I N G D A O B
G R P O U O F G E O A G B
D N T Q R W T L A O F F N
L V I H Y I V A K K I K O
F Q R R A Q K I I L A A I
N O R M A N D Y L D W R B
R N E V A D A U O O A O L
D K I Y Q S S O I V A L A
V V E U H T H U H I M Y G
Z X O A R N Y Y N Q Z A N
L R A I B E N E T L E T I
N R O Y A L O A K K P C M
N U Q M H S V Y B N H D I
S E S I X O E O B J Y Z T
H B M S Z N T D V W R O Z
```

◊ AKAGI   ◊ NELSON

◊ ALBION   ◊ NEVADA

◊ DARING   ◊ NIMITZ

◊ GLADIATOR   ◊ NORMANDY

◊ HOOD   ◊ QINGDAO

◊ ILLUSTRIOUS   ◊ QUORN

◊ IOWA   ◊ ROYAL OAK

◊ KIDD   ◊ TAYLOR

◊ KIROV   ◊ ZEPHYR

---

288   **AT THE BEACH**

```
Q T S E S S A L G N U S S
U U L C Z T X S F W A L S
D A Q S E S U S S N D E O
V Q Z L B N E O D C V S T
Q F N L B N Q C W A S L J
L I X E U O A N W H E O L
S S D D L S O S O J D O G
K D P R T I X L E F I P N
C P P L S A F L G Y T I I
O L E I E L L E S F N R H
R I Z H C Y E H G P A O S
E E E L F K I S X U A P I
Z O I I V I T S S T A D F
S F S P D T T S Y U I R E
F H W L D E V R L N M I D
```

◊ CLIFF   ◊ POOLS

◊ DUNES   ◊ ROCKS

◊ FISHING   ◊ SANDCASTLE

◊ INLET   ◊ SHELLS

◊ JELLYFISH   ◊ SPADE

◊ KITE   ◊ SUNBED

◊ LIFEGUARD   ◊ SUNGLASSES

◊ MUSSELS   ◊ TIDES

◊ PIER   ◊ WAVES

289 CARD GAMES

- BUNKO
- DEMON
- EUCHRE
- FARO
- FISH
- HEARTS
- HI-LOW
- OMBRE
- PONTOON
- RED DOG
- SEVENS
- SKAT
- SOLO
- SPIDER
- STOP
- STREETS
- STUD POKER
- THE CLOCK

```
O A O M O R J S N E V E S
R C J M D L Y R L P N T R
A B B N N T A B P O R X E
F R U Z V M R O O E U O T
E T K N T G A T E R Z T N
V A O M K O N T S H F K O
R O V Y I O S H Q C L Y M
E W D F P Q E E R U G S E
K D M Z I A W C E E E U D
O W O D R S S L D S E S R
P K O T J X H O D E R E S
D L S L N R W C O Z D L L
U Q N R I G N K G I L W I
T A K S L H K L P S O L O
S N U K Q I S S I S T O P
```

290 VEGETABLES

- CELERY
- CHARD
- CHICORY
- CRESS
- FRENCH BEAN
- GREENS
- KALE
- LENTIL
- MANGETOUT
- MUSTARD
- OKRA
- ONION
- PEAS
- PLANTAIN
- SAVOY
- SHALLOT
- SPINACH
- YAM

```
R Y A A A C N V Z T F F Q
N C I X R N O I N O A R B
N H L P K E G D Y L X E V
S L G C O Z D R D L M N E
O A K L H Z O J K A P C U
S C V B Y I T C Y H L H J
D N H O P O C C S S A B G
A R E A Y C H O V L N E X
C S A E R R K L R E T A H
K R K T R D E F I Y A N N
U K E C S G F L Q T I O K
P E A S T U O T E G N A M
A W I L S W M T D C L E X
G F H C A N I P S E F M L
O T V C Z U C A T R D A F
```

```
J W Y R R E B W A R T S L
K U M Q U A T R K I A R A
A V O C A D O Z U Q M Q J
B E L I U T C R D E A W L
D L E E I B F H X Y R X E
E A A K M D V K I S I L T
T M T C A O T Z M R N E A
X E I E K R N Q M G D C N
M C R L P C A C U S F X A
Y B G R G P U Y D T L I R
T N X N P T T R K W N O G
M E D L A R E W R K J D E
W S E P A R G W J A F Y M
Z E U Q G V P I U B N V O
H C A E P O L E G N A T P
```

◊ AKEE
◊ APPLE
◊ AVOCADO
◊ BLACK CURRANT
◊ BREADFRUIT
◊ DATE
◊ FIG
◊ GRAPE
◊ KUMQUAT

◊ LEMON
◊ LIME
◊ MEDLAR
◊ PEACH
◊ POMEGRANATE
◊ SLOE
◊ STRAWBERRY
◊ TAMARIND
◊ TANGELO

```
E E V D P O L F E X A O K
O C J E T T E L F A E L O
E I B U L L E T I N W G O
C O J R N O M Q A N B R B
I V M R F K L Z O E R E E
T N T F M L M P G H E D Q
O I E S I I U A T X P N L
N R P B Q O S N I D A I Y
L E O X C S E S R L P M A
A T S G E M A A I A S E E
N T T M E H T Y E V W R A
I E C T Z H J E Y P E C V
F L A T P I R C S U N A M
R T R R J T N E S E R P D
S R D F R D C A C Q O S N
```

◊ BILL
◊ BOOK
◊ BULLETIN
◊ COUPON
◊ FINAL NOTICE
◊ INVOICE
◊ JUNK MAIL
◊ LEAFLET
◊ LETTER

◊ MANUSCRIPT
◊ MESSAGE
◊ MISSIVE
◊ NEWSPAPER
◊ OFFER
◊ POSTCARD
◊ PRESENT
◊ REMINDER
◊ STATEMENT

HOTEL

- BILL
- CHAIN
- EN SUITE
- GRILL
- GUESTS
- GUIDE
- HOLIDAY
- KEYS
- LIBRARY
- LOBBY
- PORTER
- RESERVATION
- RESORT
- ROOMS
- TABLE
- TAXI
- TOURISM
- WEEKEND BREAK

```
A H Z B S I E Y B B O L I
G O N E X I G P E K H V K
E L B A T G U K H Q J A E
N I T W G E I E L J E Z B
T D A P U B D P O R T E R
V A T S E Y E W B U N X F
C Y L Q S Q U D S M O O R
J G L Z T L N N X H F Q E
N T I X S E M N L R E C P
I C R L K D T T D K E Y S
A O G E L M S I R U O T A
H M E T B I U J U O T N E
C W Y R A R B I L S S A H
O P V G X W M U L P N E Y
L O N O I T A V R E S E R
```

THINGS THAT GO ROUND

- ASTEROID
- CLOCK HANDS
- COMET
- COMPUTER DISK
- CYCLONE
- DREIDEL
- DRILL
- EGG BEATER
- FISHING REEL
- MOON
- ROLLER
- SPINDLE
- TREADMILL
- TURBINE
- WHEEL
- WHIRLIGIG
- WHISK
- YO-YO

```
Y A Y O W U M F W E J T D
F E R L D H N O H L A R B
R O L L E R E E I D R E E
E G G B E A T E R N E A D
N N E H K D U Z L I P D S
O L U T S I R T I P D M D
L Y W M I O B W G S R I N
C R O E H R I Y I O E L A
Y B C Y W E N K G A S L H
C O M P U T E R D I S K K
K O P M S S A L S O A K C
I F M I O A O Y L I Z T O
T E W E K O D R E I D E L
M O M Y T D N E S L R M C
L E E R G N I H S I F D Y
```

```
G M L I L W L J V D G K F
Q Y P E S D V L P A Y C W
P I T T U N E N I P C D I
I E Z T H F I K P D H A K
B A Q S A L M O N D F R B
E C P X K A P C A S H E W
T R S I L X Y V O Q Z P Y
E T E Z S A L Q P B W N E
B U N W W T P E G K N W M
L N R A O E A H N I M U C
U L R S C L A C B N D I T
O A F A U N F P H J E M J
C W N L I I P N F I R F S
C H E S T N U T U I O T X
V Q E M E M A S E S N R Y
```

◊ ALMOND   ◊ FENNEL

◊ ANISE   ◊ FLAX

◊ BETEL   ◊ PECAN

◊ CARAWAY   ◊ PINE NUT

◊ CASHEW   ◊ PISTACHIO

◊ CHESTNUT   ◊ POPPY

◊ COBNUT   ◊ SESAME

◊ CUMIN   ◊ SUNFLOWER

◊ DILL   ◊ WALNUT

```
M S A T Y D U Y V P R D R
N C O N I T A L L E E F Q
O H I J G O Y L V S T O X
I O E L F A E U K K S J H
T O J R S O X B B C I H J
A L I S U T B O J I G S R
N B E W S T A K Q T E F P
I U C G P H A F I E R S A
M S X Q E T B R F M C N S
A Y M R N Y V D E H E R S
X M M A S O V C O T O C D
E S U M I Z N L B I I J I
Q R S R O C A A N R U L K
T B I N N R L U G A M E S
N Z C Q E L J D M N B Z M
```

◊ ARITHMETIC   ◊ LITERATURE

◊ BULLY   ◊ MUSIC

◊ DESK   ◊ NETBALL

◊ ESSAY   ◊ REGISTER

◊ EXAMINATION   ◊ SCHOLAR

◊ GAMES   ◊ SCHOOL BUS

◊ JUNIORS   ◊ STAFF

◊ KIDS   ◊ SUSPENSION

◊ LATIN   ◊ TRUANT

HOBBIES AND PASTIMES

◊ BADMINTON   ◊ JU-JITSU

◊ CAVING   ◊ KNITTING

◊ CHESS   ◊ MUSIC

◊ COOKERY   ◊ READING

◊ EMBROIDERY   ◊ ROWING

◊ FISHING   ◊ SAILING

◊ FOOTBALL   ◊ SKIING

◊ HIKING   ◊ STAMPS

◊ JUDO   ◊ YOGA

```
P D R K O G F C S T L E D
L C U R L N N R R E N S H
S A I L I N G I O S N C M
G N I K I H Q S H W I P K
P A O R B A I V T S I R O
S Y R E K O O C U A I N E
E K Y A M N S M I D M F G
L S I D T B I C Y Z E P S
E E X I K W R T A G O Y S
W C F N N E E O T V K A E
J X Q G P G P L I I I Q H
M W J U J I T S U D N N C
A K W U V O J C M A E G G
P Q D L L A B T O O F R Z
Y O N O T N I M D A B N Y
```

LUMPS AND BUMPS

◊ BOLUS   ◊ HUMP

◊ BURR   ◊ MASS

◊ CARBUNCLE   ◊ NODE

◊ CHUNK   ◊ NODULE

◊ CLOT   ◊ PIECE

◊ CLUMP   ◊ PRO-
               TUBERANCE

◊ CLUSTER
               ◊ PUSTULE

◊ CONCRETION
               ◊ TUMESCENCE

◊ GROWTH
               ◊ WAD

```
L Z N M I P N A E P J R O
B U R R Z I J O K L Y E N
R C T V F E O P D J L E E
E C X L Q C S T K U C D S
C C L T I E Y S T N L Z N
N O U U T T E S A M S E O
E R B O M U U R D M C G I
C C L O E P E F H L I P T
S C Z M Q B K N U H C B E
E C G F U L W S E P P O R
M A R T G N T V L Z M L C
U L O V T E O K U P U U N
T R W H R X N D O E H S O
P A T O M V V A E S Y X C
D P H E L C N U B R A C J
```

```
T J G H A W J M Y T X G X
F E A O N E W A Y Y O P B
S L O W N P W A L K I T P
T J O D G E Z D G C B G O
L R I O B P T N L F Y N I
S N F N D I I O H L R I S
A N J O E V S M L U E L O
L U Y T I E S O L U G C N
E R Y D D D X R U T N Y E
L T O I D X L P I P A C U
A N Z S B D E E R A D O H
S O W T D U U N I E T N K
R D A U S S M U X Y P S P
O L Z R E K V P B F T Q A
F D T B H B U S S T O P Y
```

◊ BUMPS
◊ BUS STOP
◊ CLOSED
◊ DANGER
◊ DO NOT DISTURB
◊ DON'T RUN
◊ FLOOD
◊ FOR SALE
◊ GONE TO LUNCH
◊ HALT
◊ NO CYCLING
◊ NO DIVING
◊ ONE WAY
◊ POISON
◊ SLOW
◊ STAIRS
◊ WALK
◊ YIELD

```
S T R M L S U H P Y C S Q
S C Y U D I X Q A N D E M
A A O P U C E E F F O C P
L S K W S K X M W J C U V
G S S S S P I H H N C P E
E M S A P L W O B E U T R
N S L A L P P U C O L A N
I F U I L G N A T O S Z E
W T I R R G R S B X H Z E
Y U O T C G R E K G J A T
N N V R R Q A E T Z U E N
C Y L I X K K O E A L M A
D P A P E R C U P B W O C
S F P R X Q O A O J M A A
C D N N N O G G I N C R
```

◊ BEAKER
◊ BEER GLASS
◊ BOWL
◊ CANTEEN
◊ COFFEE CUP
◊ CRUSE
◊ CYLIX
◊ FLASK
◊ GOBLET
◊ GRACE CUP
◊ MUG
◊ NOGGIN
◊ PAPER CUP
◊ SCYPHUS
◊ STOUP
◊ TAZZA
◊ WATER GLASS
◊ WINE GLASS

301 FAMOUS NEW ZEALANDERS

- ◊ AITKEN
- ◊ MANSFIELD
- ◊ ALDA
- ◊ MEADS
- ◊ ALLEY
- ◊ NGATA
- ◊ CROWE
- ◊ PEARSE
- ◊ DICKIE
- ◊ RUTHERFORD
- ◊ FRAME
- ◊ SAVAGE
- ◊ GREY
- ◊ SNELL
- ◊ HAMILTON
- ◊ UPHAM
- ◊ LYDIARD
- ◊ WAKE

```
S D U M A N S F I E L D L
D G V P V Y C M W A K E A
A R U T H E R F O R D L D
E Y M Y J A R F O I D R K
M I E E B A M Y C A A D I
X E K R M N E K T I A K F
I U C E G Q I Z D J W P W
O Y H R M E X Y F D F C Q
G I L A Z W L N V W H R A
U R Y B M W R S Q P D T Q
A Q E Z F I G K E A A C V
R L L E N S L A H G R R E
C Q L L U Y R T N T W O Q
E G A V A S I L O E P W K
D A D F E R I K F N G E N
```

302 PRISONS

- ◊ ALCATRAZ
- ◊ POLUNSKY
- ◊ EXETER
- ◊ PORT ARTHUR
- ◊ GLDANI
- ◊ RANBY
- ◊ HEWELL
- ◊ SING SING
- ◊ HOA LOA
- ◊ STYAL
- ◊ HOLMAN
- ◊ TADMOR
- ◊ KAMITI
- ◊ WINCHESTER
- ◊ LA SANTE
- ◊ WOLDS
- ◊ LEWES
- ◊ WYMOTT

```
A I T L C S Y L Z A G X Y
P T T N A E G U M N Y D E
V I O G M Y A L I O B T P
H M M W W L T S D C N O O
R A Y O I A G S C A A P L
Z K W L O N N R S V N L U
L A U D I H C A H V E I N
F E R S B E L H M W F N S
F F W T X T A Z E L G L K
R O F E A K R H X S O Q Y
T T T D S C O A A R T H G
Y E M A G A L S N G K E Y
R O T L L N H A V B F X R
R Q U O A R T L E A Y R Z
Z Q A R U H T R A T R O P
```

```
J  S  H  B  K  R  U  J  X  C  I  M  T
J  F  S  S  A  C  A  R  A  M  D  U  Y
S  R  E  N  I  A  R  T  W  I  N  S  B
W  O  E  F  E  U  Q  U  L  Q  K  Q  L
J  C  A  S  T  A  N  E  T  S  S  O  B
B  S  T  W  Z  P  G  S  J  C  U  W  F
S  R  E  I  L  P  L  K  H  D  H  P  H
L  O  U  T  E  E  O  I  S  O  C  E  X
E  S  E  T  A  R  V  P  T  E  E  F  S
U  C  S  M  N  K  E  P  I  G  B  S  X
Y  A  I  C  X  A  S  E  U  D  S  W  Z
V  L  G  D  K  N  E  R  R  C  G  L  O
B  E  U  E  Z  N  Y  S  S  G  N  U  L
M  S  R  F  K  P  E  F  E  Q  I  K  B
N  S  R  O  S  S  I  C  S  L  W  D  R
```

◊ CASTANETS   ◊ MARACAS

◊ CRUTCHES   ◊ PLIERS

◊ DICE   ◊ SCALES

◊ EYES   ◊ SCISSORS

◊ FEET   ◊ SHOES

◊ GLOVES   ◊ SKATES

◊ KIPPERS   ◊ TRAINERS

◊ LOUD-SPEAKERS   ◊ TWINS

◊ LUNGS   ◊ WINGS

```
S  K  B  Y  A  S  N  K  T  M  V  Z  E
E  V  V  I  D  N  C  Y  S  O  U  G  Q
M  A  X  R  S  P  T  B  Z  K  K  G  F
A  D  O  F  O  S  S  I  L  S  C  S  S
G  W  I  C  E  E  G  X  Q  S  S  O  G
S  T  E  A  P  O  T  S  N  U  T  Q  R
R  I  S  I  Y  G  I  O  W  V  E  X  C
W  O  C  E  D  W  O  F  U  S  W  S  E
O  E  V  N  N  T  W  C  F  E  I  X  R
R  C  A  F  R  I  I  H  O  V  U  Y  A
R  P  A  A  A  I  R  A  T  I  L  I  M
J  N  C  M  E  Q  I  U  O  N  N  T  I
S  I  L  V  E  R  T  H  G  K  N  S  C
E  A  R  E  S  O  J  T  C  I  W  C  S
S  E  S  A  V  C  S  S  J  W  F  G  W
```

◊ ANTIQUES   ◊ KNIVES

◊ CAMEOS   ◊ MILITARIA

◊ CARTOONS   ◊ MUGS

◊ CERAMICS   ◊ RECIPES

◊ COINS   ◊ ROCKS

◊ FANS   ◊ SILVER

◊ FIGURINES   ◊ SWORDS

◊ FOSSILS   ◊ TEAPOTS

◊ GAMES   ◊ VASES

ICE CREAM

- ◊ BANANA
- ◊ MARZIPAN
- ◊ BLUEBERRY
- ◊ PEACH
- ◊ CAPPUCCINO
- ◊ PEANUT
- ◊ CARAMEL
- ◊ PEPPERMINT
- ◊ CHOC AND NUT
- ◊ PRALINE
- ◊ FUDGE BROWNIE
- ◊ RUM AND RAISIN
- ◊ GREEN TEA
- ◊ SHERBET
- ◊ HAZELNUT
- ◊ STRAWBERRY
- ◊ LEMON
- ◊ TEABERRY

```
P R A L I N E V G H T N C
F Y W J S K O B R Q E I K
U G R C A R A M E L B S U
D D Y R R E B A E T R I T
G T R P E A C H N L E A U
E C N Y H B Q C T C H R N
B A S I R T W B E H S D D
R P E W M R X A A N D N N
O P W L B R E Z R K G A A
W U E A H A E B L T G M C
N C D A W L N P E F S U O
I C E Q N O M A P U O R H
E I N U K U I T N E L M C
R N T H S G T C X A P B T
W O X N A P I Z R A M O E
```

THINGS THAT CAN BE SPREAD

- ◊ ARMS AND LEGS
- ◊ PAINT
- ◊ PATE
- ◊ BLANKET
- ◊ QUILT
- ◊ GERMS
- ◊ SEEDS
- ◊ GOODWILL
- ◊ SHEET
- ◊ HONEY
- ◊ TIDINGS
- ◊ LOVE
- ◊ VIRUS
- ◊ MARGARINE
- ◊ WARMTH
- ◊ MAYONNAISE
- ◊ WISDOM
- ◊ MUSTARD

```
E I Q R T C S W C E X L B
C S E E D S X W D Y D L Q
M P X D C K A Y I J Z I U
E U M D S R D A Z S E W I
K U S A M V I R U S D D L
Z S P T Y Y P M M Q M O T
B K H X A O L S A Z A O M
J E Y E Z R N A R I V G C
S T T U E P D N G U S E S
H S V A A T D D A M F A G
R O H I P D U L R I A A N
E N N E V O L E I P S C I
M T K E P U G G N E Z E D
G C O L Y U M S E Z Q B I
O D I B L A N K E T K I T
```

```
G N I Y L M K S F C Y E G
U E D U H T U N Q A G P A
A O F O O T P R I N T S K
B L E H I Y Y L D F N E I
L M I C L U E S Q E E C L
O C L B F M K K M Z R N L
O Y R N I T Y B E E T A E
D R X I E L E A D S H T D
S A P O M V S I I P A I G
T W M H B E I F Z R B R N
A R N I C Z U D A O Q E B
I T I D T G G S E C A H W
N W G A Q C S N D N U N E
S C Z W L P I Y Z W C I M
L G H T A E D V C R F E G
```

◊ ALIBI ◊ FOOTPRINTS

◊ BLOODSTAINS ◊ INHERITANCE

◊ BODY ◊ KILLED

◊ CLUES ◊ KNIFE

◊ CORPSE ◊ LEADS

◊ CRIME ◊ LYING

◊ DEATH ◊ MURDER

◊ DISGUISE ◊ TRIAL

◊ EVIDENCE ◊ VICTIM

```
B O F X I I H H L Z T Z N
G T I U R F E P A R G I W
P R Z I W U H N O H D J P
E G F H C A I K K N K Z O
N A J C Q R U D O I K L N
I G Q A A M H M N N E A L
T Z C D Q L A N O M U S N
N M N U J L O R O J R A F
E A A S A W T P G A W T F
M T L C A I O N H A K S K
E U T N C K A A T F O U E
L Y U Z U H R K I Y O M I
C K I G S A J Z E P C A R
O C N A L B O R O D X A O
R V X L O I S K A B O S U
```

◊ CALAMONDIN ◊ MANDARIN

◊ CITRON ◊ OROBLANCO

◊ CLEMENTINE ◊ POMELO

◊ GRAPEFRUIT ◊ PONKAN

◊ KABOSU ◊ SATSUMA

◊ KINNOW ◊ SHANGJUAN

◊ KIYOMI ◊ SUDACHI

◊ KUMQUAT ◊ UGLI

◊ LARAHA ◊ YUZU

VITAMINS AND MINERALS

◊ ADERMIN

◊ ASCORBIC ACID

◊ BIOTIN

◊ CHOLINE

◊ CHROMIUM

◊ COPPER

◊ FLUORIDE

◊ FOLIC ACID

◊ IODINE

◊ IRON

◊ LINOLEIC ACID

◊ MAGNESIUM

◊ MOLYBDENUM

◊ NIACIN

◊ PTEROIC ACID

◊ RETINOL

◊ SELENIUM

◊ ZINC

```
L I N O L E I C A C I D D
D N X I B X S L H E L T I
Z I I I A M E G U O W O C
Y A C M R C U K V L W D A
N M B A R E I I D E D R C
O E O I C E T N M I G M I
F E L L T I D I C O U C B
H N T F Y T O A N I R M R
N I T O I B C R S O U H O
F L U O R I D E E I L I C
Z O H T L N N E N T O Z S
W H I O L G O E N D P I A
V C F M A S L R I U M N N
E E N M T E E N I A M C G
O F O L S R E P P O C M U
```

BEND

◊ ANGLE

◊ ARCH

◊ BIAS

◊ BOW

◊ BUCKLE

◊ CONTORT

◊ CONVOLUTE

◊ CURL

◊ CURVE

◊ INCLINE

◊ KINK

◊ KNEEL

◊ MEANDER

◊ PERSUADE

◊ SUBMIT

◊ SWAY

◊ SWERVE

◊ WARP

```
K N I K E M T G E S I A C
T S O O L E N I L C N I O
G C N E P U H O Q N N T N
E N E U E Z E Q M R B V V
L N S P R A W F H I R L O
K R I S S R N L S E S A L
C F X B U Y D E D P H C U
U E L O A O A N I J E S T
B S T W D O A W B C S C E
Z C V I E E X U S O A U I
U U E P M N Q W A N I R D
P S H C T B E L G T B V F
Y N C G U R U L X O I E E
S O R O V R E S Q R Q E R
T Z A E E G L K N T O N T
```

WASHING A CAR

```
R P U Y X D N D A K R L V
L E E E G E E U Q S C V M
S W T B M S T M P S A I S
Y B E A L T X O O H R R V
A R Q F W H N J E R O O E
W S D S G G S B O O H S H
E H S P E I M R D L L C I
V K N A E L S U G E H M C
I A G C L A S S E A L S L
R D R B D G G H R A Q L E
D A I U K N W D T Z E A T
Q H M H I P W E O N A G P
N A E X I O R D I D O A I
C O A O R E N H A C O L B
R W R K F I S A L S E T T
```

◊ BRUSH   ◊ MIRRORS

◊ CHROME   ◊ SHINE

◊ DOORS   ◊ SOAP

◊ DRIVEWAY   ◊ SPONGE

◊ GLASS   ◊ SQUEEGEE

◊ GRIME   ◊ VEHICLE

◊ HARD WORK   ◊ WATER

◊ HUBCAPS   ◊ WAXING

◊ LIGHTS   ◊ WHEELS

AUSTRALIA

```
M L A A A S E B U R M E Q
R A D L Y H A O Y E A R N
D G H D K Y T T A S C O E
U D N T A D N A R U K M W
U E C N R R R N R A A S S
Y D D E G O C Y U R Y I O
U D A K A K N B M V A L U
R J Y K A M B A L D A K T
H N T A X E O Y I Y D O H
D M E L B O U R N E H T W
F U N E C K C R X G R Y A
S X B Q N S R J U E V S L
O U T B A C K A P L O O E
S S A E O Q T Y H O U L S
O D N T G T R O N S D S Z
```

◊ BOTANY BAY   ◊ MURRAY

◊ DUBBO   ◊ NEW SOUTH
                   WALES
◊ KAKADU
                 ◊ NOOSA
◊ KAMBALDA
                 ◊ NORTHAM
◊ KARRATHA
                 ◊ OUTBACK
◊ KURANDA
                 ◊ PERTH
◊ LISMORE
                 ◊ SHARK BAY
◊ MACKAY
                 ◊ SYDNEY
◊ MELBOURNE
                 ◊ ULURU

BRIDGES

- AVONMOUTH
- BANPO
- BRITANNIA
- CLIFTON
- DONGHAI
- FORTH
- HELIX
- HOWRAH
- HUMBER
- JAMSU
- KHAJU
- KINTAI
- PONTE VECCHIO
- TOWER
- TYNE
- VERESK
- VIZCAYA
- WESTMINSTER

```
V W H A R W O H Q C A B E
I P W I O C N O H A V R N
D Z F E A H G K Y W O E Y
P U L O S B T A B Z N A T
R O B S R T C R E B M U H
K V N R R Z M A O U O Y X
Q I O T I S I I S F U S E
J A N V E T G M N U T G N
Y H L T G V A D R S H K O
W G L H A J E N T W T S S
W N O T F I L C N O K E V
V O D U W X N O C I W R R
E D J P M X I L E H A E L
O P N A B E R N A U I V R
I B C X U J A H K U H O H
```

RUSSIA

- ARKHANGELSK
- FABERGE
- IRKUTSK
- KARA SEA
- KREMLIN
- LAKE BAIKAL
- MOSCOW
- MURMANSK
- ROSTOV
- SAKHALIN
- SMOLENSK
- ST PETERSBURG
- SUZDAL
- THE DUMA
- THE GUM
- VOLGA
- VYBORG
- YAUZA

```
A R K H A N G E L S K E A
P N S L A P I J M K V M Y
Z I N M C M M R A C U G S
O L A X O C O R K D Z R Y
N A M W M L A S E U E U W
I H R J D S E H C Q T B L
L K U P E V T N N O J S A
M A M A O A M P S W W R K
E S D T H E G U M K H E I
R W S Z X G O X W G G T A
K O F U U H F V V R E E B
R M Z D Q S O H E O G P E
A Z U A Y L K B Z B C T K
C V D Y G S A J N Y I S A
F F C A N F N J E V O R L
```

```
Q E I Y C T C R O S S V A
R E E I V S N N N O U Y W
N D D N U O P E G U S L K
O B E L I S K U C N U R P
L G G C I G E R M R A O D
O G R V I T M O I M E V D
C M E H E M U J N T C P O
M D E A I Q A O U D Z H I
C T S U A W I L S B O D R
Q A T R W T X Y P N M B E
W N R I S P K N M O L R P
H O V E C H S A D M I B W
W G U R T K O J A J W N Q
P Q T I X H K Y O G N C T
Y W A X E L F M U C R I C
```

◊ ARROW   ◊ MINUS

◊ CARET   ◊ OBELISK

◊ CIRCUMFLEX   ◊ PERCENT

◊ COLON   ◊ PERIOD

◊ CROSS   ◊ PLUS

◊ DASH   ◊ POUND

◊ DECIMAL POINT   ◊ QUESTION MARK

◊ DEGREES   ◊ TICK

◊ EURO   ◊ TILDE

```
T N Q L S R N O S V W H S
A H L L C S P I N U P T Y
E V R I I Y Q C Y R M W N
G T I K T N Z B E U S O E
N L X S S Y I I R S B R R
A O Z P I O K O L R E G G
H O N U G O S B A L I E Y
C C I Q O L N I L F S V L
E O W D L E N I R K E I H
M I N D S E T E N R P T M
I E I M R S E N B G A A O
G E W A T M R I I V P G Y
E X J J I K F V E S J E I
R V U U B Y E G R U S N N
K J M S S E N L L E W D S
```

◊ B-TO-B   ◊ SPAM

◊ BUY-IN   ◊ SPIN-UP

◊ COOL   ◊ SURGE

◊ FREEMIUM   ◊ SYNERGY

◊ LOGISTICS   ◊ UPSKILL

◊ MINDSET   ◊ VERBIFY

◊ NEGATIVE GROWTH   ◊ VISIONING

◊ NO-BRAINER   ◊ WELLNESS

◊ REGIME CHANGE   ◊ WIN-WIN

OBSTINATE

- ADAMANT
- INTRANSIGENT
- DETERMINED
- MULISH
- DOGGED
- PERTINACIOUS
- DOUR
- RIGID
- FIRM
- SELF-WILLED
- FIXED
- STEADFAST
- HARD-SET
- STIFF
- HIDEBOUND
- STUBBORN
- IMMOVABLE
- UNYIELDING

```
S U O I C A N I T R E P D
U R S T E A D F A S T V E
N T S H Y D M T F W Z T L
Y U W U E J R B H I N S L
I D T G N I K I G E T G I
E D G U G S D P G Y K S W
L O E I B E G I N E T I F
D A D N B M S E R F O H L
I O D O I N F O O D I A E
N H U A A M I O B E V R S
G N S R M C R B B X H D M
D K T I S A F E U I F S B
D N Z P L V N E T F G E P
I B D R C U U T S E M T D
E L B A V O M M I L D A S
```

MONEY

- ASSETS
- INTEREST
- CASH
- MEANS
- CHANGE
- NOTES
- CHARGE
- ORDER
- COINAGE
- READY MONEY
- DUTY
- RICHES
- EARNINGS
- SUBSIDY
- EXCISE
- TREASURY
- GRANT
- WEALTH

```
I D A C G K M B O Q K N T
N I D T E R L P H X C H L
T R Y O M B A P N H L B L
E S R E C O I N A G E F A
R N A E N X F R T S E S T
E N V U S O G P O R D E R
S E T O N E M C L T M Q E
T U H I L I A Y A M K G A
H A B U A U L R D E N S S
T Q S S E Y R O N A D I U
L D E S I X T D H I E D R
A R H C E D C C U A N R Y
E F C Y A T Y I O T Q G R
W X I B E S S W S L Y G S
G C R E S E H U A E T O X
```

SOFT WORDS

```
E D T Y L O T C N U O A G
L N Y T N I L A L W R N N
Q D N I K W H C U O I J P
D G N I H T O O S L U E R
E L I T C U D D E L N D Y
F S I J C H Y E Y E V C S
A D N M U J F T T M E Y M
C R M Q S L V R E E J O J
I I I V H R A P L I A N T
L D S Q Y B D F F F T R E
E R V D L H P L Q E P F N
T E O E D L U U C U A K D
X G M O E F I L L C S A E
E A N B F E U P L R M N R
A C A Y T D Y G E N Z P N
```

◊ CLOUDS   ◊ KIND

◊ CUSHY   ◊ MELLOW

◊ DOWNY   ◊ MILD

◊ DUCTILE   ◊ PENETRABLE

◊ DULCET   ◊ PLIANT

◊ FACILE   ◊ PULPY

◊ FEELING   ◊ QUIET

◊ FLEECY   ◊ SOOTHING

◊ FLUFFY   ◊ TENDER

EXTINCT CREATURES

```
D O D O A A H M U E O J P
E A B Q O O M K R Y M U A
G J G M R A L U G N A R S
P Y S G M X E A N I M W S
B P R M A A A T I I K H E
U O O O L U E A F K C A N
S T B Z T R Q E L M A A G
H F L T G O V R O K L S E
W H U I A C M G W D B T R
R T E N G H R A O J G S P
E R B K K S E Q Z G O E I
N H U N L L I B E Z D A G
Q G C Z M R R J C N T G E
J D K O D P I O P I O L O
M A S T O D O N A G S E N
```

◊ ADZEBILL   ◊ HAAST'S EAGLE

◊ AKIALOA

◊ AUROCHS   ◊ HUIA

◊ BLACK MAMO   ◊ MAMMOTH

◊ BLUEBUCK   ◊ MASTODON

◊ BUSHWREN   ◊ MOA

◊ DODO   ◊ PASSENGER PIGEON

◊ EZO WOLF   ◊ PIOPIO

◊ GREAT AUK   ◊ QUAGGA

◊ GYROTOMA

◊ APOLOGY
◊ POLLYANNA
◊ DEENIE
◊ ROOTS
◊ DRACULA
◊ SHIVER
◊ DUNE
◊ THE BELLS
◊ EMMA
◊ THE GHOST
◊ ENIGMA
◊ THE RAVEN
◊ INFIDEL
◊ VANITY FAIR
◊ JO'S BOYS
◊ WALDEN
◊ OFFSHORE
◊ WOLF HALL

```
S J F S E T E K E A S J C
Y Y G L L W B X P F P W D
O V H N T Y O O E N U D R
B A N N A Y L L O P T E A
S N S T O O R E F O N T C
O I A M G I N E B H T J U
J T E Y N D G B V H A A L
Y Y H R E E C N E I N L A
S F I E O W V B E A H T L
M A N K M H E A Z D M S B
R I F G A L S N R G L M I
E R I E L U I F V E E A E
H Y D S E G L I F U H I W
W Y E S T H E G H O S T D
N R L B I D R W E Y Q R D
```

◊ ABSOLVE
◊ OPEN
◊ AUTONOMOUS
◊ RELEASE
◊ DEVOID
◊ RELIEVE
◊ EMPTY
◊ RELINQUISH
◊ EXEMPT
◊ SPARE
◊ GRATIS
◊ UNOCCUPIED
◊ GRATUITOUS
◊ UNPAID
◊ LET OFF
◊ UNTIE
◊ LOOSE
◊ VACANT

```
A Q T W B E Y T J P H E T
W S A N I D E V O I D I I
D U F U A Y U T L Y F T O
P O F H T C K B O T R N C
E T O A W O A I O P E U C
R I T K B O N V S M L R A
L U E T P S J O E E I E M
I T L E V O O R M E N L F
E A N X L E I L B O Q E D
S R H E W E G O V U U A B
I G A M S R Q I N E I S M
S F K P A K A P S S S E P
L Y G T S E A F W F H D H
R O I D E I P U C C O N U
H S O E D L R E L I E V E
```

SOLUTIONS

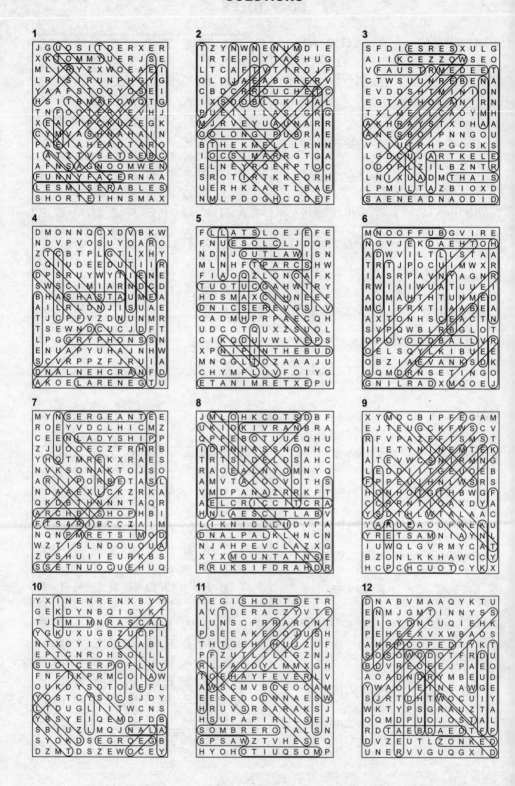

SOLUTIONS

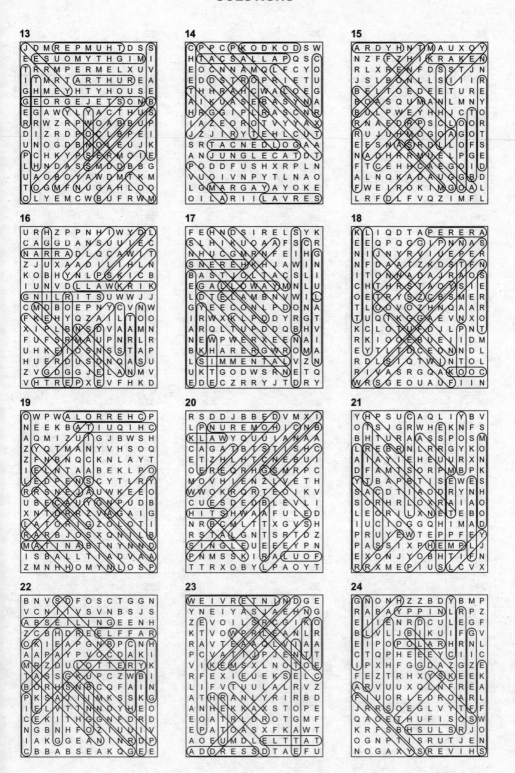

167

SOLUTIONS

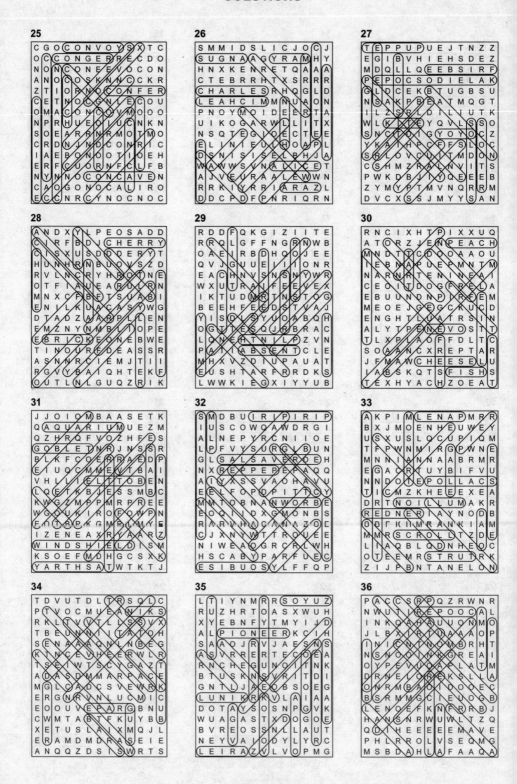

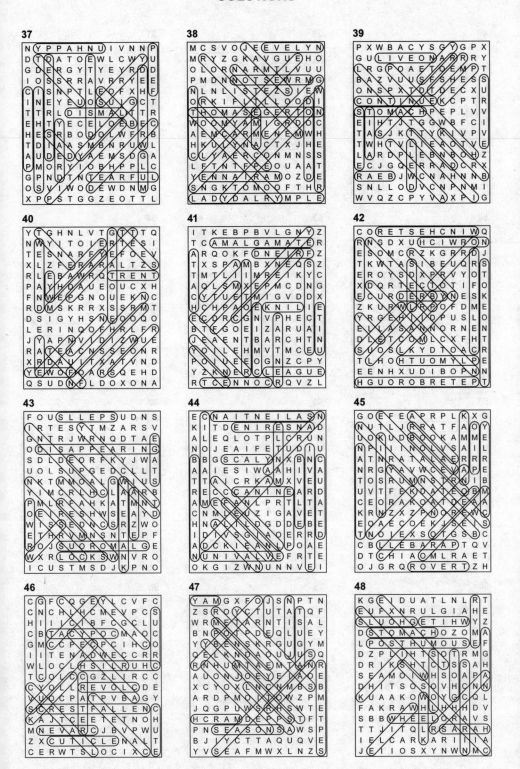

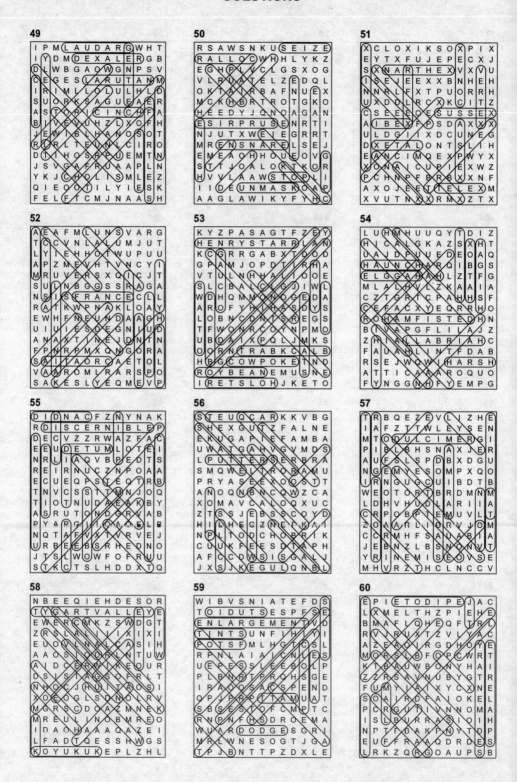

SOLUTIONS

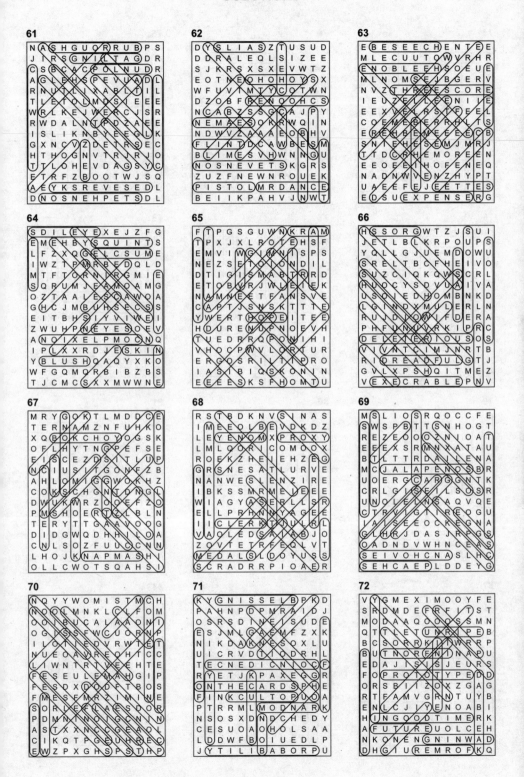

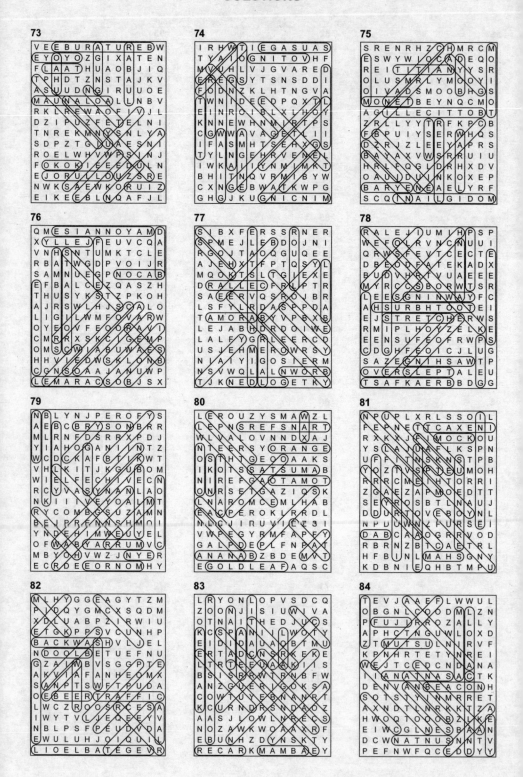

SOLUTIONS

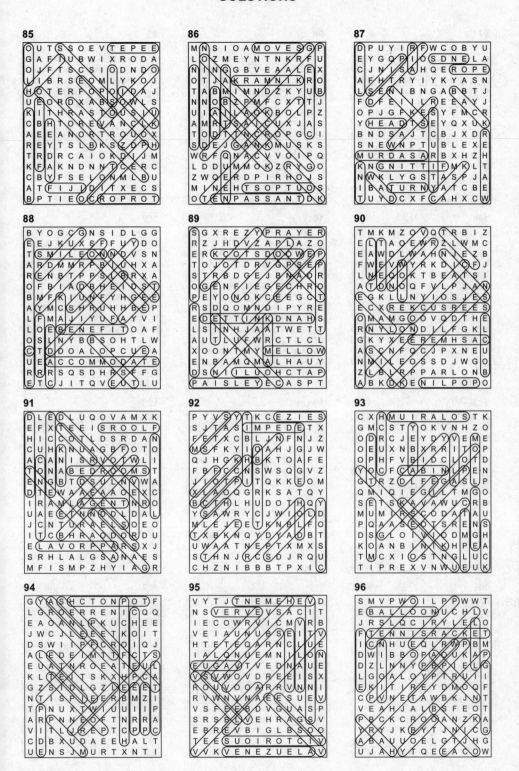

173

SOLUTIONS

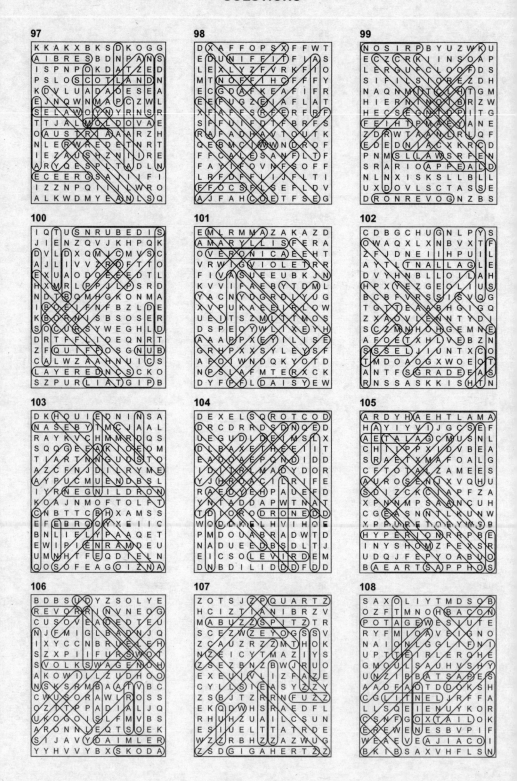

SOLUTIONS

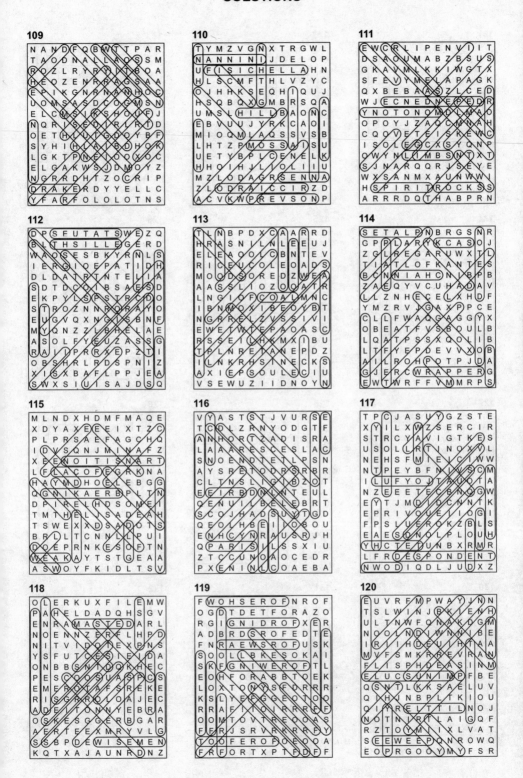

175

SOLUTIONS

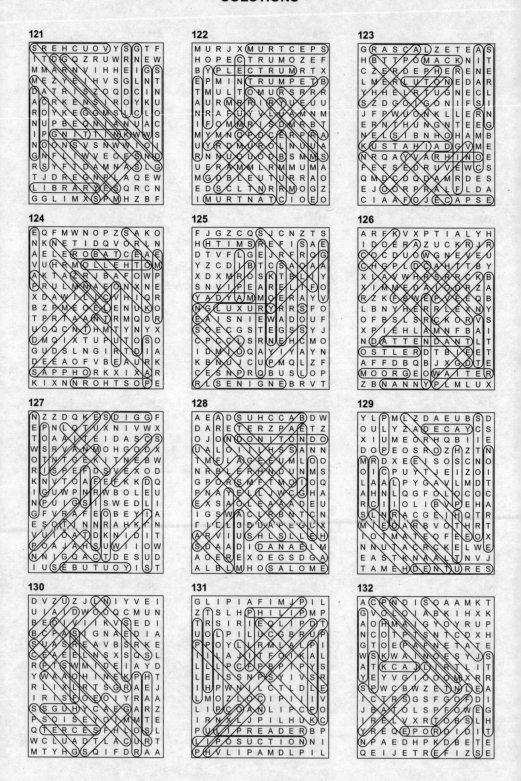

SOLUTIONS

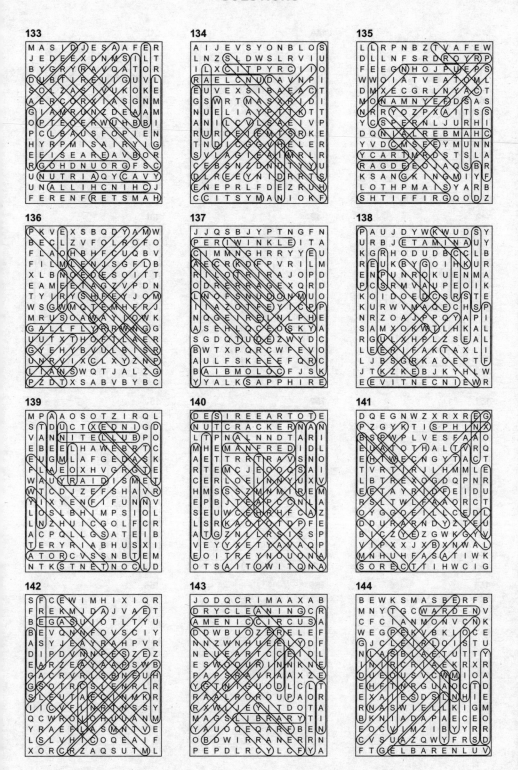

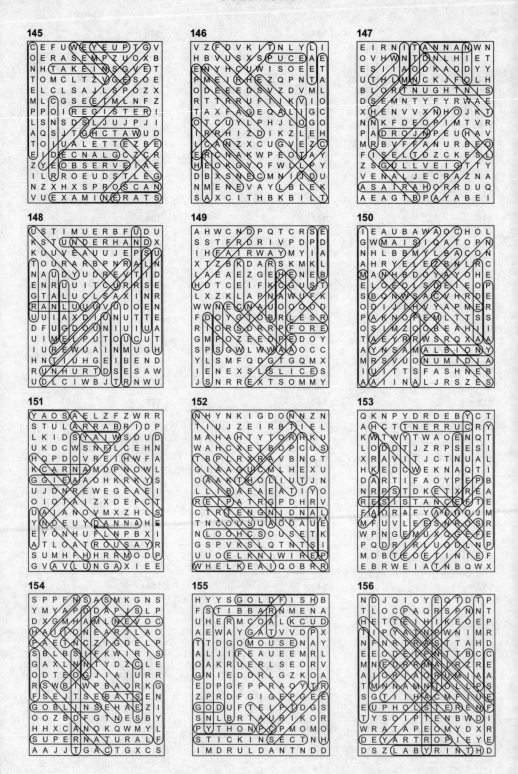

SOLUTIONS

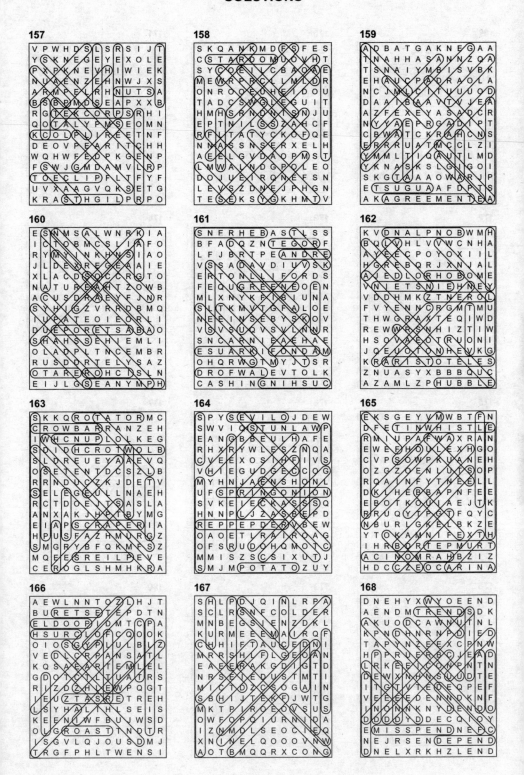

179

SOLUTIONS

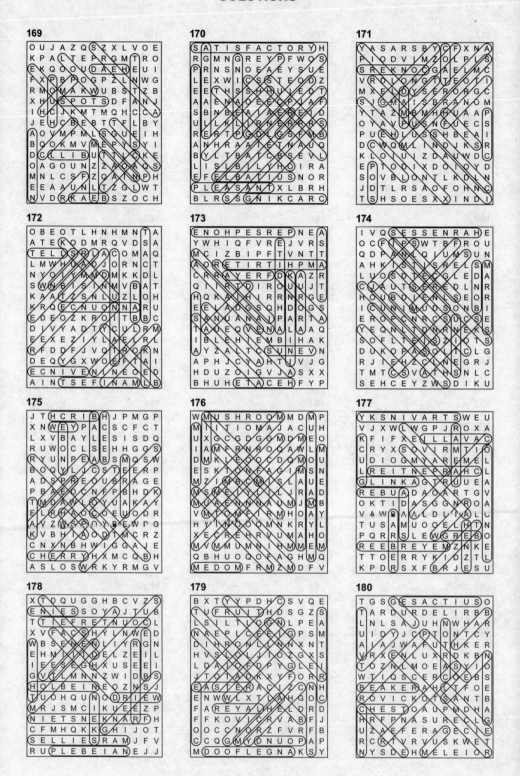

SOLUTIONS

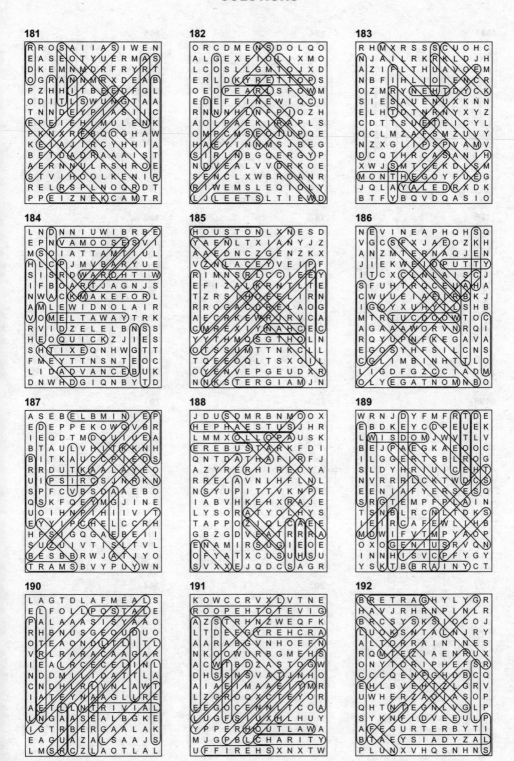

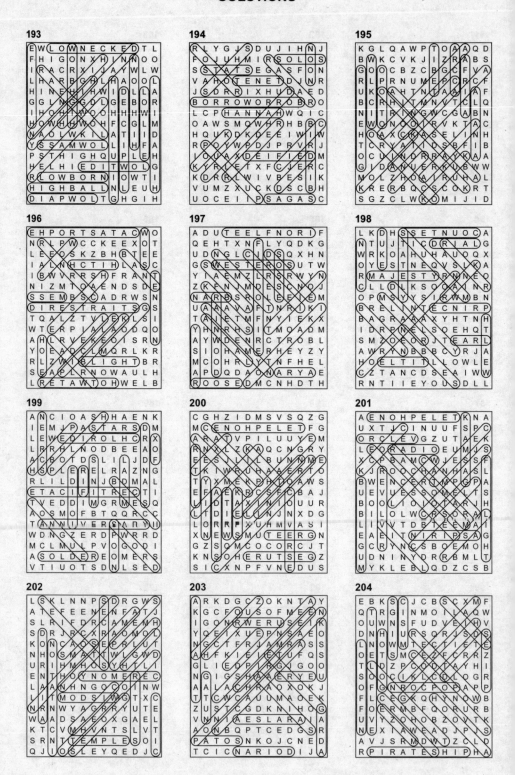

SOLUTIONS

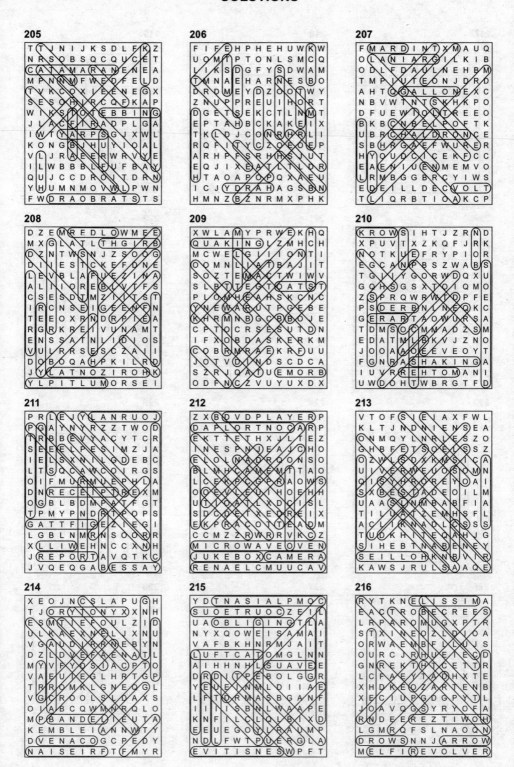

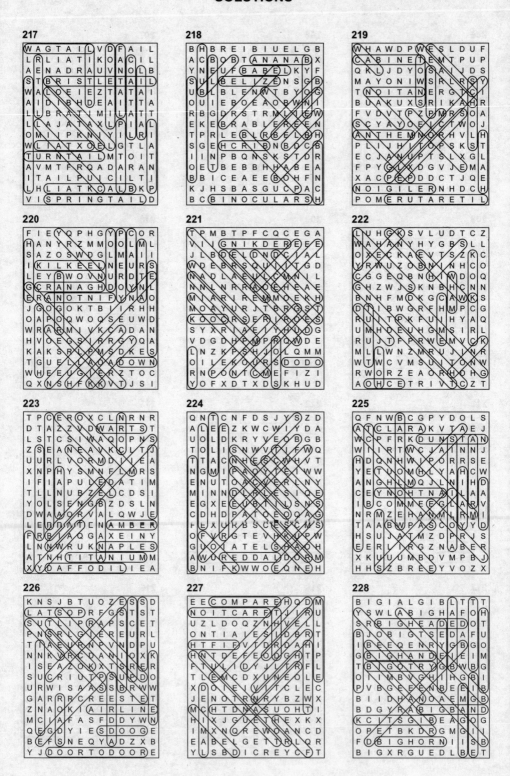

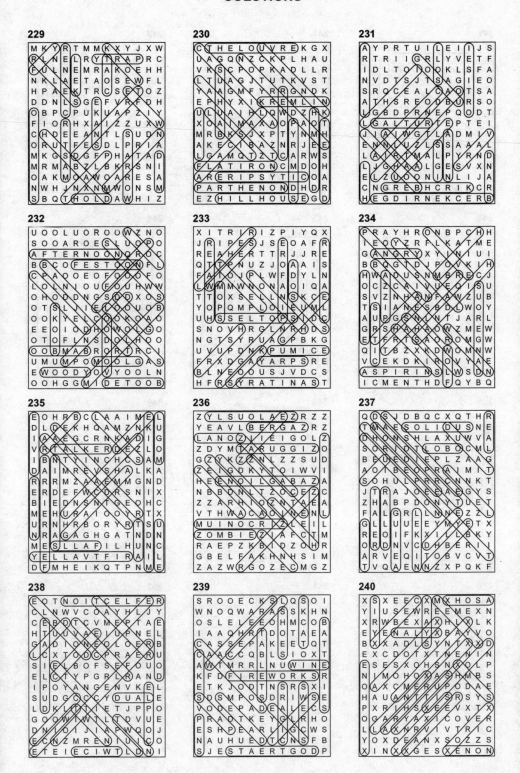

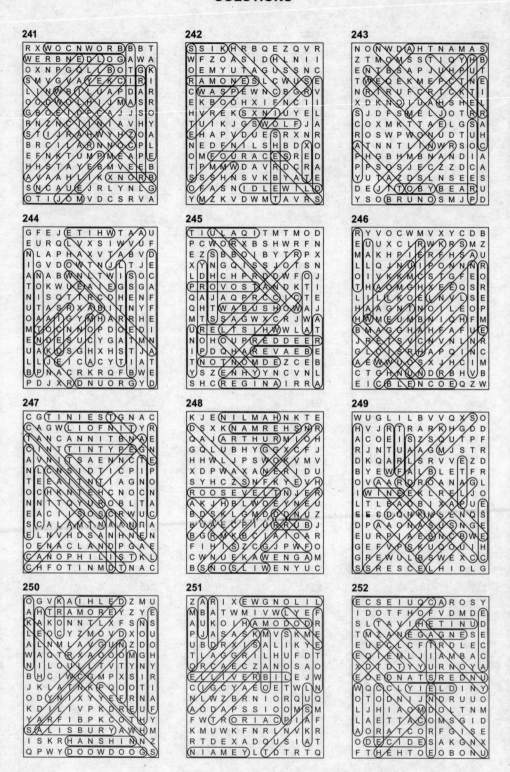

SOLUTIONS

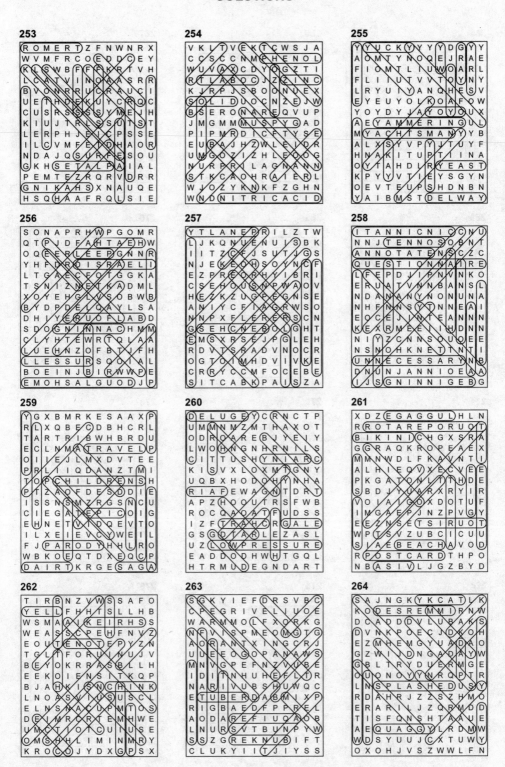

SOLUTIONS

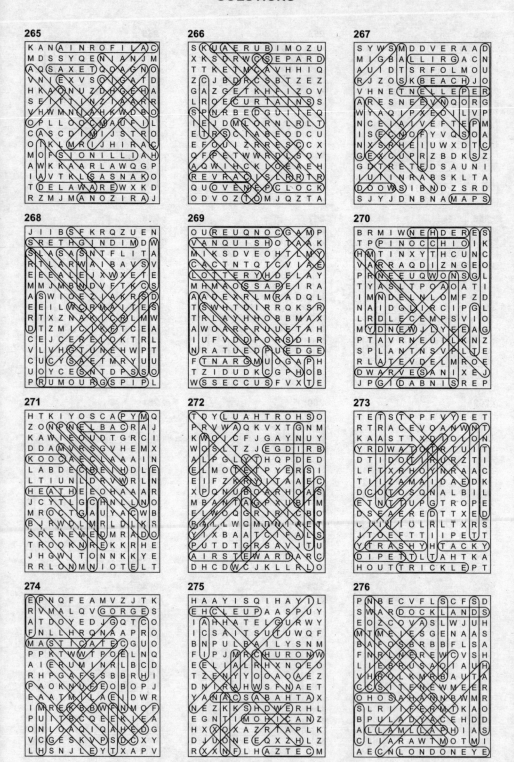

188

SOLUTIONS

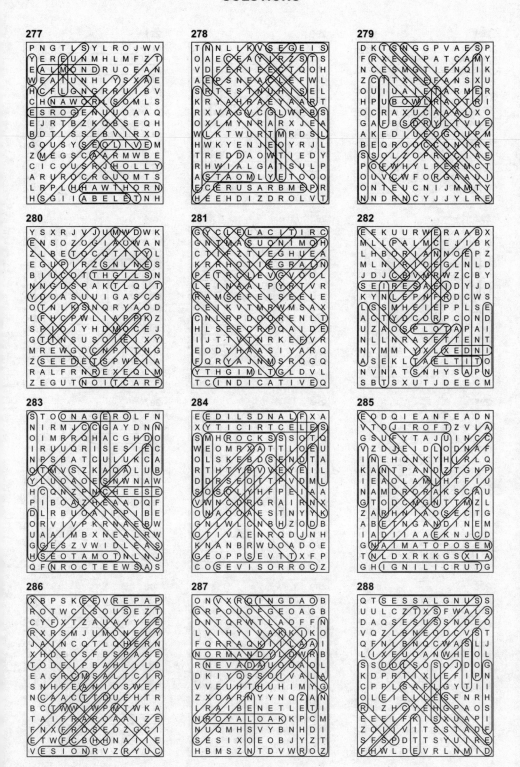

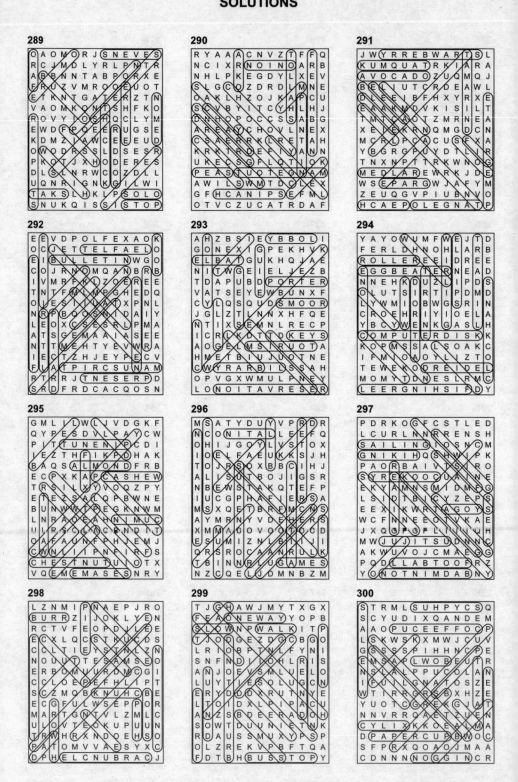

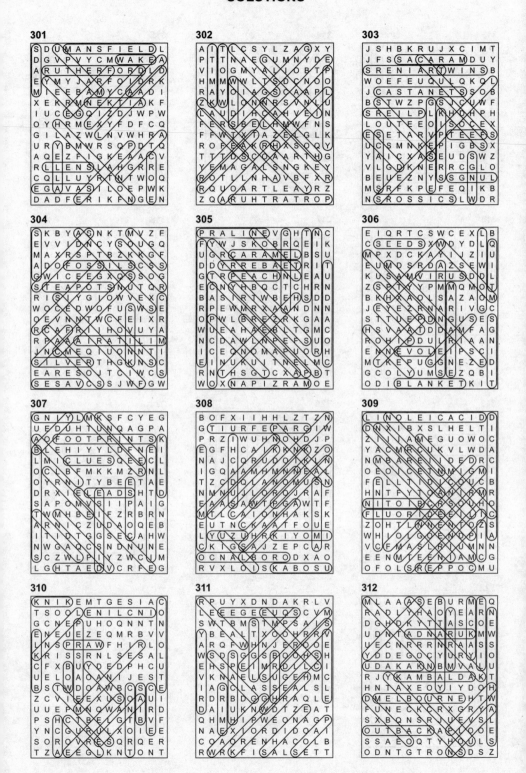

SOLUTIONS

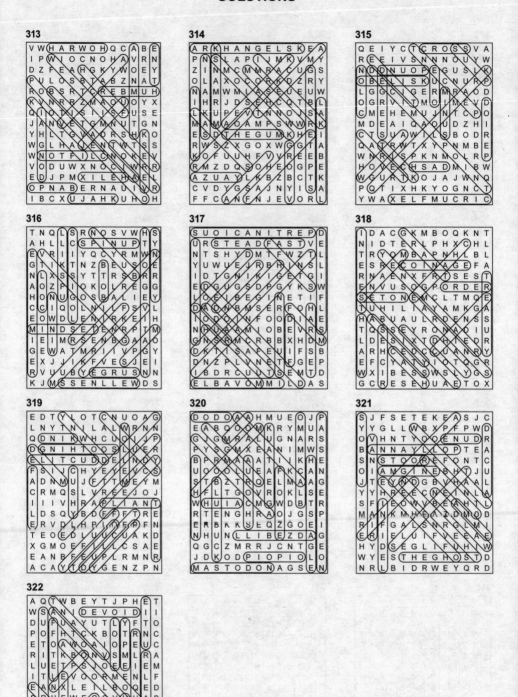